à [illegible]
Bonne Bouf
Marie Chantal Labelle
xx

Maman, je mange !

Tome 2

Catalogage avant publication de la Bibliothèque nationale du Canada

Labelle, Marie-Chantal, 1965-
Maman, je mange!
Comprend des réf. bibliogr.
ISBN 2-7604-0964-3 (v. 1)
ISBN 2-7604-0956-2 (v. 2)
1. Nourrissons - Alimentation.
2. Aliments pour nourrissons.
3. Enfants - Alimentation. I. Titre.

RJ216L32 2004 613.2'083'2 C2004-940378-8

Conception visuelle : Marie-Chantal Labelle
Infographie et mise en pages : Claude Bergeron
Maquette de la couverture : Claude Bergeron
Illustrations : André Pijet
Photographe : Robert Etcheverry
Couverture : Frédérike Labelle et Sofie Labelle

Les Éditions internationales Alain Stanké remercie le ministère du Patrimoine canadien, le Conseil des arts du Canada, la Société de développement des entreprises culturelles du Québec (SODEC) et le Programme de crédit d'impôt du Gouvernement du Québec du soutien accordé à son programme de publication.

Les Éditions internationales Alain Stanké
7, chemin Bates
Outremont (Québec) H2V 4V7
Tél. : 396-5151
Téléc. : 396-0440
editions@stanke.com

Stanké international, Paris
Tél. : 01.40.26.33.60
Téléc. : 01.40.26.33.60

Dépôt légal : 3e trimestre 2004

ISBN : 2-7604-0956-2

Diffusion au Canada : Québec-Livres
Diffusion hors Canada : Vivendi (VUP'S)

Marie-Chantal Labelle

À Julie et Marco,
parce que vos filles
me rappellent que
le temps passe vite.

Un petit mot avant de commencer

Dans mon premier livre **Maman, je mange ! *Tome I***, *j'insistais sur l'importance de l'alimentation de l'enfant durant sa première année d'existence. Par la suite, et jusqu'à son entrée à l'école, cet aspect demeure tout aussi déterminant, et le prendre à la légère pourrait avoir de sérieuses répercussions à long terme.*

Cette période de un à cinq ans est celle du développement des habitudes alimentaires et de la découverte d'une grande variété de mets — saveurs, textures, formes variées — qui développent le goût ; le moment est alors propice pour introduire dans la vie de l'enfant la notion de « valeur nutritive » des aliments. Au cours de cette période, l'enfant expérimentera pour la première fois certains aspects sociaux de l'alimentation : utilisation des ustensiles, comportement à table, tant à la maison qu'au restaurant, publicité télévisée faisant la promotion d'aliments de toutes sortes, etc., sans compter le désir d'autonomie et d'affirmation de soi qui pointe à l'horizon.

De tout temps, l'alimentation du nourrisson et de l'enfant a fait l'objet de nombreuses théories. De mon côté, j'ai expérimenté avec mes deux filles, Rosemarie et Victoria, tout en gardant l'œil grand ouvert sur ce qui se passait dans mon entourage, et j'ai fait des choix en suivant mon instinct et mes intuitions. J'ai aussi beaucoup lu sur le sujet et j'ai tenté, comme pour mon premier livre, de vous faire un résumé des théories qui me paraissent les plus pertinentes et, surtout, les plus pratiques au quotidien. C'est donc le fruit de tout cela que je vous livre ici, en espérant vous fournir ainsi des pistes qui guideront vos propres intuitions.

Une journée à la fois

Une nouvelle génération

Nous ne sommes définitivement pas comme nos parents. Nous avons, pour la plupart, des vies très différentes : moins d'enfants, des carrières et des responsabilités financières à assumer, seul(e) ou à deux. Personnellement, je me pose beaucoup de questions sur le nouveau rôle des mamans et des papas de notre époque et sur les répercussions que tout cela aura sur nos enfants à moyen et à long terme.

Malgré tous ces changements, l'alimentation reste, la plupart du temps, une affaire de femmes. Question d'éducation, de gènes, d'intérêt, d'habitude, de mœurs... peu importe : c'est comme ça. Et même si les pères d'aujourd'hui sont très engagés dans les soins à donner aux enfants et que nous les laissons avec confiance concocter des repas équilibrés pour la famille — la grande majorité des hommes de mon entourage s'en tirent d'ailleurs merveilleusement bien, y compris mon père, qui prépare de savoureux soupers à la chandelle pour mes filles lorsqu'il les garde à la maison —, malgré tout cela, donc, ce sont les mamans qui, le plus souvent, gèrent les repas et l'épicerie.

Je n'ai jamais considéré que les hommes et les femmes étaient identiques dans leurs compétences et cela n'a rien à voir avec l'intelligence. Ils sont différents, c'est tout. Par contre, ils se complètent drôlement bien.

Ce livre s'adresse donc à tous les parents et le masculin, dans le texte, y désigne aussi bien les femmes que les hommes lorsque le contexte s'y prête.

Le temps : votre meilleur allié

L'existence des hommes et des femmes qui doivent remplir à la fois les rôles de parents et de pourvoyeurs est très excitante et, en même temps, très exigeante. Ce mode de vie exige une santé de fer, beaucoup d'énergie et un sens développé de l'organisation. Le jeune enfant ressent notre fébrilité, notre manque de temps et notre sentiment de culpabilité de ne pouvoir en donner plus. Et bien qu'il en soit conscient, le tout-petit n'a pas à en souffrir. Il a besoin qu'on lui consacre du temps de qualité et il prolongera volontiers l'heure du biberon ou du repas, afin d'avoir ses parents près de lui le plus longtemps possible. Si vous êtes conscient de cet état de fait, vous perdrez peut-être moins vite patience à l'heure du petit-déjeuner, alors que vous êtes en retard au bureau. Tout ce que votre petit amour veut vous dire en fait, c'est : « Reste encore un peu... »

Lorsque c'est possible, passez de longs moments avec Petit Loup et faites-lui sentir que vous aimez cet instant privilégié que vous passez avec lui. Si votre enfant a passé récemment assez de temps de qualité avec son père ou sa mère, il sera sûrement plus « compréhensif » lorsque vous serez pressé de le quitter pour aller travailler, pour préparer un souper déjà tardif ou pour consacrer un peu de temps à votre conjoint. En prenant le temps, vous gagnerez du temps !

L'atmosphère à table

Ce n'est pas tout d'offrir à votre enfant les meilleurs aliments disponibles sur le marché et de les préparer dans les meilleures conditions possibles. L'attitude que vous adopterez à l'heure des repas compte aussi pour une énorme part dans le développement de votre enfant. Considérez les repas comme un moment agréable de la journée et respectez son appétit et ses goûts. La bonne humeur que vous afficherez autour de la table compte aussi pour beaucoup. Les jeunes enfants nous imitent tout le temps. Ils prennent de nous les bons et les moins bons côtés de nos personnalités. Que vous preniez un sandwich sur le pouce au comptoir ou un repas à la table de la salle à dîner, essayez de faire de ce temps de la journée un moment privilégié où il fait bon se retrouver. Trouvez des sujets de conversation auxquels les enfants peuvent participer, mais ne profitez pas de ce moment pour régler des conflits, livrer un message ou les réprimander. Il faut que la conversation soit agréable. Encouragez-les donc à ne pas aborder de sujets négatifs à table.

« L'art » d'apprêter les restes

Créer un bon repas avec les restes de la semaine, c'est tout un art ! Et même si nous, les adultes, ne raffolons pas des restes, il est toujours extrêmement pratique d'avoir un surplus de la veille pour le dîner du tout-petit, qui ne prend pas nécessairement ses repas en même temps que nous. Évidemment, certains aliments cuits se gardent mieux que d'autres au réfrigérateur. Le steak, la viande hachée et les légumes déjà trop cuits se réchauffent difficilement, car ils deviennent trop secs ou perdent toute saveur. Par contre, un reste de poulet peut faire des merveilles ! On peut le manger froid ou légèrement repassé à la poêle avec un peu de bouillon, le mélanger avec du riz déjà cuit, y ajouter quelques légumes coupés en petits morceaux et faire cuire le tout au wok avec un peu d'huile d'olive (en espérant qu'elle soit de première pression). Voilà qui est facile, économique, nutritif et rapide ! Les sauces pour spaghetti sont un autre dépanneur génial et se conservent jusqu'à une semaine au réfrigérateur. Au moment de les réchauffer, ajoutez toujours un peu d'eau car un séjour au frigo déshydrate souvent les aliments et les sauces. Par contre, rien ne vous empêche d'y ajouter également quelques champignons ou des feuilles d'épinard hachées, si vous en avez sous la main. Laissez aller votre imagination, ajoutez quelques fines herbes pour relever le goût, et le tour est joué !

La régularité de l'appétit

Élever un enfant, c'est aussi surveiller son propre comportement. Si vous grignotez continuellement, que vous mangez en regardant la télévision ou debout au téléphone, soyez assuré que votre tout-petit le remarquera. Il sera par ailleurs très difficile de le faire asseoir pour prendre sa collation ou de l'empêcher de manger quand il s'ennuie, si c'est l'exemple que vous lui donnez. Ces mauvais comportements peuvent mener tout droit à l'obésité ou, pire encore, entraîner de graves troubles alimentaires.

Votre petit amour doit absolument s'habituer à prendre ses repas et ses collations à des moments précis de la journée, assis à la table. Si cette routine est bien installée, votre enfant ne sentira pas le besoin de manger à tout moment de la journée. Et s'il demande à manger, dites-lui simplement d'attendre sa collation ou son repas. Il ne devrait pas y avoir de négociations possibles là-dessus. Vous devez être ferme et ne pas déroger à cette règle, sauf si l'enfant a soif. Si vous faites trop d'exceptions, Petit Loup cherchera toujours à argumenter dès que vous lui refuserez une gâterie, et la situation deviendra infernale.

Vous pouvez toutefois faire certaines exceptions, lorsque vous participez à une fête, que vous êtes en visite ou que vous avez des invités à la maison. L'enfant comprendra alors que lors d'un événement spécial, on peut déroger à l'horaire des repas et s'autoriser quelques excès, comme vous-même le faites sans doute. En pareilles occasions, l'enfant pourra manger des bonbons, des croustilles et du gâteau au chocolat. C'est la fête, et on se fait plaisir !

Ma fille Rosemarie, entre deux et cinq ans, n'avait pas beaucoup d'appétit au souper. Elle mangeait très bien le matin et le midi, mais levait le nez sur son repas du soir. Cela ne m'a pas inquiétée, car je savais que la plupart des enfants mangent en moyenne deux repas sur trois avec appétit. Elle était donc dans les normes. Le problème, c'est qu'elle revenait vers 19 h 30 dans la cuisine en criant famine. À partir de trois ans, on peut expliquer à un enfant qu'il faut manger aux repas et qu'après, lorsque le souper est terminé, on n'ouvre plus le réfrigérateur. Elle a mis quelques semaines à s'habituer. Éduquer, c'est aussi ré-pé-ter. Après quelques crises, elle a compris ; un soir, devant une assiette qu'elle n'avait pas touchée, elle a déclaré qu'elle mangerait comme un ours le lendemain matin. Aujourd'hui, elle a 11 ans ; elle assume les conséquences de ses baisses d'appétit et continue de comparer son appétit à ceux des ours, des loups, des fourmis et des hippopotames !

« [...] les caprices appellent une toute autre stratégie qu'un simple calcul de la valeur nutritive du menu. »
— Louise Lambert-Lagacé, diététiste. *La sage bouffe de 2 à 6 ans.* (Québec)

Les courbes de croissance du médecin

« 70ème percentile pour le poids et 50ème percentile pour la taille ! »

Vous avez déjà entendu des résultats de ce genre ? Rappelez-vous : l'important, ce sont les proportions. Même si votre enfant n'est qu'au cinquième percentile, ce qui compte, c'est qu'il n'y ait pas une trop forte disproportion entre les percentiles du poids et de la taille. Un écart maximal de vingt percentiles, c'est très bien.

Si vous voyiez notre petite voisine : elle est minuscule ! Je me demande même si elle peut figurer sur la charte de croissance de son médecin ! Pourtant, malgré son appétit d'oiseau, Gabrielle est en parfaite santé ; elle se développe très bien, et constamment. À 12 mois, lorsqu'elle a commencé à marcher, elle portait encore des vêtements de taille 6 mois ! Elle avait l'air d'un petit bébé et pourtant, ses jambes étaient prêtes pour marcher ! Elle vient d'avoir deux ans et pour son anniversaire, elle portait une jolie robe bleue de taille 18 mois qui lui descendait sous les genoux !

Donc, comme je disais, il faut surveiller les proportions, c'est-à-dire s'assurer que le poids et la taille soient en harmonie et que l'enfant continue de grandir. Toutefois, si sa croissance vous inquiète, vous devriez consulter un médecin. Les raisons qui peuvent ralentir la croissance ou créer des écarts de plus de 20 percentiles entre le poids et la taille sont nombreuses et plusieurs tests sont souvent nécessaires avant de trouver le problème.

La bonne bouffe de la garderie

La plupart des garderies (ou des CPE) que j'ai visitées pour mes enfants offraient le repas chaud du midi et deux collations. J'en ai même visité une qui servait des mets uniquement végétariens et j'ai trouvé cela très intéressant. Dans la majorité des cas, les repas étaient sains et variés. Pour mes filles, ce fut l'occasion de goûter à toutes sortes d'aliments que je ne cuisinais pas à la maison ou, du moins, que je n'apprêtais pas de la même façon. Il leur est même arrivé de manger là-bas des aliments qu'elles refusaient quand c'était *moi* qui les préparais ! Pareil comportement est tout à fait normal car les petits ont tendance à vouloir faire les braves devant les autres et sont alors plus tentés de faire de nouvelles expériences.

Essayez de connaître le menu de la semaine, s'il n'est pas affiché. La mémoire à court terme fait souvent défaut aux petits d'âge préscolaire et, si vous ne voulez pas leur faire manger la même chose le soir, il faudra que vous vous renseigniez auprès de l'adulte qui en prend soin. N'hésitez pas non plus à demander si votre enfant mange bien, s'il se comporte correctement pendant le repas et s'il va régulièrement aux toilettes.

Les récompenses et les punitions

« Tu seras privé de dessert ! » « Si tu viens tout de suite, je t'emmène au restaurant. » « Tu auras un chocolat chaque fois que tu feras ton lit. » « Tu vas passer en d'sous d'la table... »

Les repas, les collations et les breuvages sont indispensables à la vie. On ne prive pas une société de services essentiels comme l'hôpital ou la police, et les pompiers n'exigeront pas que vous soyez aimable pour aller éteindre l'incendie qui s'est déclaré chez vous. De la même façon, vous ne devez pas refuser de combler les besoins vitaux de votre enfant ou utiliser la nourriture pour le discipliner. Car manger n'est pas une *récompense*.

Les punitions ne doivent jamais avoir pour effet de le dégoûter de grandir, de l'humilier, de le rabaisser ou de l'obliger à accomplir une tâche qu'il n'aime pas et qui fait partie de ses responsabilités. Les punitions doivent être expliquées à l'enfant et, surtout, simples. L'isoler dans une pièce de la maison pendant un certain temps (compter deux minutes par année d'âge) pour réfléchir, le priver de télé pour quelques jours, lui supprimer les petites gâteries du quotidien ou une sortie en lui expliquant que ce sera partie remise : voilà des punitions efficaces et inoffensives.

« La punition doit être déconnectée des besoins vitaux de l'enfant, comme la nourriture ou le sommeil. [...] inutile de mettre dans la tête de votre enfant que dormir est une punition ou que le sucre est une récompense. »
— Christine Brunet, psychologue, et Anne-Cécile Sarfati, journaliste. *Petits tracas et gros soucis de 1 à 7 ans.* (France)

Des recettes pour de bons petits-déjeuners

Un enfant qui part pour la garderie ou pour l'école après un bon déjeuner passera une belle journée. En tout cas, en tant que mère, je me dis alors que j'ai fait ce que je pouvais pour que la journée soit réussie et que le reste lui appartient. Un bon déjeuner apporte aux enfants et à leurs parents l'énergie et la bonne humeur nécessaires pour travailler, apprendre et bouger. On le dit depuis plusieurs décennies : « Le petit-déjeuner est le repas le plus important de la journée. »

Toutefois, il ne suffit pas toujours d'avoir un petit-déjeuner équilibré devant soi pour passer une bonne journée. Encore faut-il avoir le temps de se bâtir un appétit et avoir le temps de manger. Si vos matins ressemblent à une course contre la montre, songez à vous lever 15 minutes ou une demi-heure plus tôt que d'habitude. Vos enfants et vous-même mangerez peut-être avec plus d'appétit et de façon détendue.

Voici quelques petites recettes que je prépare pour mes filles avant leur départ pour l'école :

Le BOL de céréales

1 tasse de ses céréales préférées (en espérant qu'elles soient sans sucre !)

1/2 banane et quelques fraises coupées en tranches

1/4 de tasse de yogourt nature ou à la vanille

Du lait

Mélangez le tout et servez !

Le petit-déjeuner qui se boit !

1/2 tasse de yogourt nature ou à la vanille

1/4 de tasse de noix et de graines hachées, au choix (noix de Grenoble, amandes, graines de tournesol, graines de lin, graines de citrouille)

1 tasse de jus de fruits non sucré, au choix

1 fruit pelé et dénoyauté de consistance molle (pêche, poire, banane, fraises, framboises, bleuets, mangue)

50 ml de lait

Un soupçon de sirop d'érable, au goût

Passez tous ces ingrédients au mélangeur et buvez ! Pour obtenir une consistance plus liquide, ajoutez du jus.

Le pain doré de Mamie

Mélangez 1 œuf, 1 tasse de lait, 50 ml de sirop d'érable et une pincée de cannelle moulue.

Faites tremper deux tranches de pain dans ce mélange pendant environ 30 secondes ou jusqu'à ce que le pain soit bien imbibé.

Faites revenir les tranches de pain dans une poêle avec un peu de beurre.

Accompagnez le tout d'un bon verre de lait bien froid.

Suprême de pamplemousse rose à l'érable

Coupez un pamplemousse rose en deux, de façon à couper les quartiers dans le sens de la largeur. À l'aide d'un couteau à suprême ou d'un couteau coupant à bout rond, retirez les petits suprêmes un par un en laissant la membrane qui les sépare dans le demi-pamplemousse. (Souvent, les enfants n'aiment pas le pamplemousse à cause de cette petite membrane qui est trop amère.)

Ensuite, pressez le demi-pamplemousse quasi vide pour en extraire le maximum de jus.

Arrosez de sirop d'érable.

Vous pouvez faire la même chose avec les grosses oranges que l'on trouve sur le marché en hiver.

Le gruau de papa

Préparez du gruau. (Nous utilisons le gruau à cuisson rapide de marque Vieux Moulin^MD. La recette se trouve sur le côté du sac.)

Ajoutez des morceaux de fruits frais (pomme, poire, pêche, banane, mangue) ou de fruits déshydratés, un peu de sirop d'érable et un soupçon de cannelle.

Si le gruau est trop chaud et que les filles sont pressées, papa ajoute un cube de glace pour le refroidir.

Œuf brouillé *spécial*

Battez un œuf avec un peu de lait et de fromage râpé. Ajoutez quelques petits cubes de jambon si vous en avez sous la main. Salez et poivrez au goût.

Faites revenir le mélange d'œuf dans une poêle, à feu doux-moyen, avec un peu de beurre.

Mélangez continuellement pendant la cuisson et ne faites pas trop cuire.

Étendez cet œuf brouillé spécial sur une tranche de pain grillé ou sur un muffin anglais beurré.

Mangez-le pendant que c'est chaud !

Bon petit matin à tous !

« Le petit déjeuner apporte 20 à 25 % de la ration énergétique de la journée. »
— D^re^ Anne-Marie Ballière, endocrinologue. *L'alimentation des enfants en 200 questions.* (France)

Les étapes vers l'autonomie

La fin du biberon

Il n'y a pas de moment précis pour arrêter le biberon, mais plus vous attendrez, plus il sera difficile de convaincre votre enfant de ne plus le prendre. Lorsque votre enfant peut prendre son lait et toutes ses boissons de la journée au verre à bec ou au gobelet, vous pouvez songer à lui faire abandonner le biberon. Le moment idéal se situe entre 14 et 17 mois. Quatorze mois est un âge charnière au chapitre de la compréhension, du langage ; c'est le début du désir d'autonomie. Petit Loup est encore un bébé, mais il est en voie de devenir un petit enfant. J'appelle ça, à la blague, la « prépetite enfance ». Avant 14 mois, le biberon peut représenter une forme de sécurité, une chaleur réconfortante, et le lui enlever pourrait le troubler et risquerait aussi de diminuer sa consommation de lait. Sans compter qu'avant cet âge, il ne comprendra probablement pas et pourrait penser qu'il est puni. Finalement, si vous attendez après 18 mois, les négociations seront plus ardues. Le biberon sera devenu très important dans sa vie, et il résistera avec beaucoup plus de moyens.

Votre tout-petit délaisse lui-même son biberon avant l'âge de 14 mois ? Super ! Mais assurez-vous qu'il boit quand même au verre à bec ou au gobelet la quantité de lait recommandée pour les enfants de 12 à 18 mois, c'est-à-dire entre 18 et 24 onces, ou la quantité équivalente en yogourt ou en fromage.

Il ne faut surtout pas supprimer le biberon de l'enfant sans sa permission ! Il doit en être conscient et trouver lui-même une manière d'accepter ce changement. Le truc suivant, qui a réussi avec mes deux filles, m'a été transmis par mon amie Sylvie, qui a quatre enfants. Vous invitez à la maison des gens qui ont un bébé plus jeune que le vôtre et, avec la complicité des parents, vous préparez une petite mise en scène... Vous commencez par intéresser votre enfant au petit bébé, pour ensuite lui expliquer les besoins d'un enfant de cet âge. Après un moment, lorsque votre enfant aura pris le bébé en affection, proposez-lui de donner ses biberons à son nouvel ami pour qu'il puisse en avoir un plus grand nombre lorsqu'il retournera chez lui. Avec son aide, déposez tous les biberons et les tétines dans un sac, et remettez-les aux parents du bébé. Ceux-ci doivent alors remercier votre enfant pour ce geste généreux. Ainsi, votre trésor aura vraiment l'impression d'avoir fait quelque chose de formidable et se sentira valorisé par cette action. Par contre, s'il refuse catégoriquement de laisser ses biberons au bébé, *ne le forcez surtout pas*. Vous n'aurez qu'à faire une autre tentative un mois plus tard.

Ma belle-sœur Julie a aussi essayé ce truc avec sa fille Justine lorsque celle-ci avait 15 mois, mais avec une variante : Justine a donné ses biberons au père Noël, qui est reparti avec après la distribution des cadeaux !

Évidemment, dans les jours qui suivront le don de ses biberons, votre enfant trouvera tout de même la situation un peu difficile. Il les réclamera sûrement et pleurera un peu. Ce sera à vous de lui rappeler qu'il les a donnés au bébé (ou au père Noël !) et que vous n'en avez plus à la maison. Prenez soin de le consoler, mais sans vous apitoyer sur son sort. Valorisez-le en lui disant qu'il a fait une bonne chose et proposez une activité pour lui changer les idées. Après deux ou trois semaines, votre enfant aura oublié ses biberons et il aura franchi une belle étape vers l'autonomie !

La fin des purées

La fin des purées s'étend graduellement sur une longue période, et de façon très naturelle. Pour que l'opération se fasse sans heurts et sans brisure, vous devez sans cesse augmenter la consistance de ses purées en allant toujours à la limite de ce qu'il peut avaler. De cette façon, il n'y aura pas de changement drastique. Déjà, un mois après l'introduction de l'alimentation solide (généralement vers cinq mois), vous pouvez commencer à épaissir sa nourriture en diminuant la quantité de liquide de sa purée. À neuf mois, un bébé peut commencer à manger des aliments entiers, sous surveillance. Ses gencives sont suffisamment dures pour broyer les aliments, même s'il n'a pas encore de dents.

Certains enfants arrêteront d'eux-mêmes les purées et exigeront la même nourriture que le reste de la famille. Si c'est le cas du vôtre, encouragez-le, même s'il n'a que neuf ou dix mois. Mais si, à 14 mois, il n'avale rien qui ne soit pas écrasé à la fourchette ou réduit en purée, vous devez absolument l'entraîner et l'encourager à manger des aliments plus solides. Encore là, comme pour le biberon, plus vous attendrez, plus il sera difficile de lui faire manger des morceaux. À 14 mois, un enfant qui mange en alternance des purées et des aliments entiers est sur la bonne voie. Mais pour votre bambin de plus de 18 mois, privilégiez uniquement les aliments solides.

Chaise haute et siège d'appoint

La transition de la chaise haute au siège d'appoint se fait normalement entre 13 et 20 mois. En fait, c'est une question d'équilibre.

Avant d'asseoir votre enfant sur un siège d'appoint, assurez-vous qu'il y sera en sécurité et qu'il ne risque pas de basculer sur le côté. Si, pour des raisons pratiques, vous décidez de laisser votre enfant dans sa chaise haute jusqu'à l'âge de deux ans et qu'il y est toujours confortable, il n'y a vraiment aucun problème. Par contre, je vous suggère de retirer la tablette de la chaise haute et de lui servir tout de même son repas à la table, avec le reste de la famille. En effet, si votre enfant de deux ans prend toujours ses repas à l'écart des autres membres de la famille, il risque de se sentir mis à part. Le sentiment d'appartenance à la famille est primordial pour les Petits Loups de cet âge, et le repas représente une occasion privilégiée de partager et de créer des liens avec les membres de sa meute.

Avant d'acheter un siège d'appoint pour votre tout-petit, assurez-vous que sa largeur n'excédera pas celle de la chaise sur laquelle vous prévoyez l'installer. Le siège d'appoint devrait aussi être muni d'une sangle pour le fixer à la chaise et d'une autre sangle pour attacher l'enfant. C'est une très bonne idée de choisir un siège d'appoint à deux niveaux : l'enfant pourra s'en servir plus longtemps, c'est-à-dire jusqu'à l'âge de cinq ans, environ.

Si la chaise sur laquelle vous installez le siège d'appoint est en bois, je vous suggère de glisser entre les deux un morceau de tissu antidérapant, pour éviter qu'il ne glisse et aussi, pour protéger votre chaise des égratignures.

Les ustensiles

Il existe sur le marché des ustensiles adaptés aux jeunes enfants. Plus petits et arrondis, ils évitent les blessures. Commencez très tôt — vers huit mois — à lui offrir des ustensiles adaptés pour exercer sa motricité. Même s'il fait des dégâts — et, bien entendu, il en fera —, laissez-le faire ses propres expériences. Peut-être pas à tous les repas, mais au moins trois ou quatre fois par semaine.

Lorsque votre enfant aura appris à coordonner ses jambes et qu'il marchera depuis environ un mois, vous pourrez passer à la coordination des bras et des mains en l'encourageant à prendre ses ustensiles correctement pour minimiser les dégâts. Félicitez-le chaque fois qu'il fera des progrès.

Vers l'âge de deux ans, lorsque votre petit a plus de dextérité et risque moins de se mettre la fourchette dans un œil (!), vous pouvez lui donner des ustensiles en métal. Depuis cet âge, mes filles mangent tous leurs repas avec une fourchette à dessert : moins large pour leur bouche, cet ustensile est aussi plus maniable pour leurs petites mains.

Petits et gros dégâts

Lorsque Petit Loup fait des dégâts parce qu'il exerce sa motricité et ne semble pas faire exprès de tout envoyer par terre, ne le grondez surtout pas. Soyez compréhensif et nettoyez le dégât discrètement, sans lui en parler. Si vous lui montrez votre mauvaise humeur, il arrêtera peut-être de faire ses expériences de peur d'en échapper par terre, et ce serait dommage. Les enfants ont besoin de s'adonner à ces expériences pour accroître leur dextérité.

Toutefois, intervenez immédiatement s'il jette tout par terre volontairement ou qu'il tente de battre le record du plus long lancer de la boulette de viande ! Quel que soit son âge, *ne tolérez jamais* qu'il lance ou laisse tomber intentionnellement ses aliments. Faites-lui comprendre que c'est mal et qu'il ne faut pas recommencer. Soyez ferme.

Le toucher

Toucher, c'est aussi goûter et sentir. Parce que leur cerveau n'est pas encore aussi développé que le nôtre, que la vue ne suffit pas à comprendre la forme, la texture et la température des choses et que la vie est pour lui une mer de découvertes, laissez votre enfant toucher à ses aliments s'il en a envie. Observez-le ; tant que vous sentirez que l'opération reste de nature expérimentale, souriez-lui pour qu'il sente que c'est permis. Laissez près de lui une serviette humide pour qu'il comprenne que lorsqu'il en aura assez, il pourra se nettoyer les mains, avec votre aide.

Par contre, il y a des tout-petits qui détestent toucher à leurs aliments et à tout ce qui salit. Ne forcez pas votre enfant à se salir les mains s'il ne veut pas. Après tout, ce n'est pas une étape essentielle à son développement, et il fera ses propres expériences sur d'autres terrains.

Lorsque mes filles ont eu un an, je leur ai fait à chacune un gâteau recouvert de crème fouettée. Sur la photo souvenir, Rosemarie pose sagement devant son gâteau auquel elle n'a jamais touché, si ce n'est pour s'emparer de la chandelle ! Quelques années plus tard, Victoria se laissait photographier à son tour, avec un visage tout barbouillé de crème et un sourire resplendissant. Déjà, à un an, il est fascinant d'observer la personnalité bien arrêtée de nos enfants et d'imaginer comment ils seront plus tard.

De petits chefs dans la grande cuisine !

La cuisine des Québécois est très souvent l'endroit où l'on se retrouve pour discuter, faire la popote et partager de bons moments. Les enfants n'échappent pas à cette coutume.

À partir de trois ans, vous pouvez initier votre petit et le faire participer à l'élaboration d'un repas. Au lieu d'endurer votre enfant qui se pend après vous en rechignant parce qu'il cherche de l'attention, faites-vous aider ! Évidemment, tout n'ira pas aussi vite que vous le voudriez, mais dites-vous que cette activité que vous faites avec lui en vaut bien une autre.

En plus de l'occuper et de lui faire un immense plaisir, vous lui ferez faire des exercices qui sont excellents pour la motricité, la coordination, la concentration et la dextérité !

Un bambin de trois ou quatre ans peut:

- Mettre la table: il distingue sa gauche de sa droite, et peut compter le nombre d'ustensiles.
- Ranger l'épicerie: il nomme alors chacun des aliments qu'il sort des sacs et les sépare en deux groupes: ceux qui vont au frigo et ceux qui vont dans l'armoire.
- Éplucher des légumes: il apprend alors à utiliser un économe de façon sécuritaire.
- Préparer un mélange à gâteau: il se concentre pour tenir les batteurs en place sans trop éclabousser.
- Équeuter des fraises: il use de ses petits doigts avec précision pour n'enlever que les queues.
- Râper du fromage: il fait un mouvement de haut en bas en s'efforçant de ne râper que le fromage...
- Tartiner du pain: il apprend à ne prendre que la bonne quantité avec son couteau et à l'étendre le plus uniformément possible.
- Verser du lait ou du jus: il comprend que les liquides coulent vite et qu'il faut prendre son temps si on ne veut pas en renverser.
- Laver la laitue: il se concentre pour enlever tous les petits grains noirs qu'il peut voir sur les grandes feuilles vertes.
- Essuyer la vaisselle: bien installé à la table, il utilise ses petites mains pour essuyer l'intérieur des verres.

Les petits appétits

Le refus de manger

Ce qui revient le plus souvent, lorsque je parle avec des parents d'enfants de un à cinq ans, ce sont les ennuis causés par le refus de manger ou les appétits en dents de scie. Bien que je n'aie pas eu à vivre cela avec mes filles, mis à part quelques courts épisodes, je constate qu'il y a autour de moi beaucoup de petits grévistes de la faim. La plupart du temps, ce sont des enfants énergiques, curieux et en santé. Leurs parents, eux, sont épuisés, découragés et inquiets.

Selon mes observations, il y a trois genres de refus : il y a les enfants qui ont des fixations sur un ou quelques aliments en particulier, ceux qui ne mangent qu'un repas par jour et ceux qui ne veulent que grignoter toute la journée sans jamais s'asseoir à la table comme tout le monde. Quoi qu'il en soit, les enfants finissent toujours par manger quelque chose. Pas nécessairement comme nous le voudrions, mais nous mourrons d'inquiétude bien avant qu'ils ne meurent de faim, ça, je peux vous l'assurer !

Par contre, ces enfants risquent de souffrir de certaines carences vitaminiques. Alors, faites en sorte que le peu de nourriture qu'ils avalent soit de toute première qualité en privilégiant les aliments riches en vitamines et en minéraux.

Une question de croissance

Au cours de sa première année de vie, le poupon va tripler son poids. Évidemment, les besoins vitaminiques et énergétiques sont alors fort grands. Il est donc très rare de voir un bébé refuser de manger avant l'âge d'un an. Après le premier anniversaire, le rythme de croissance des bébés ralentit beaucoup. Son corps a moins d'exigences. De plus, en développant un nouveau moyen de locomotion — la marche — de même qu'un nouveau moyen de communication — la parole —, il se découvre bien d'autres intérêts. Tant de nouveautés dans sa vie peuvent suffire à lui faire délaisser la nourriture, qui n'excite plus sa curiosité comme avant.

Si vous acceptez qu'il est normal que votre enfant ne mange pas parce qu'il traverse une étape de son développement qui réduit son appétit (les étapes de développement des enfants d'âge préscolaire changent à tous les six mois), vous serez beaucoup plus calme et cette période passera avec beaucoup plus de douceur. Songez-y, pour la première fois de sa vie, votre bambin contrôle ses besoins. C'est une étape essentielle à son développement psychosocial, et quoi de mieux que les repas pour faire ses petites expériences, au moment où il a toute l'attention de papa ou maman ? Les repas étant une activité qui revient plusieurs fois par jour, ils deviennent pour lui son terrain d'essai, le moment où il expérimente son autonomie, son pouvoir de décision et de négociation ainsi que ses rapports avec les membres de sa famille.

Vouloir combattre le manque d'appétit par du chantage, des punitions ou des pressions pour le forcer à manger risque fort d'aggraver la situation. L'attitude que vous adopterez vis-à-vis des caprices de votre enfant influencera ses comportements alimentaires futurs. Ce n'est pas rien...

« Mieux respectés, les caprices participent au développement global de l'enfant. »
— Louise Lambert-Lagacé, diététiste. *La sage bouffe de 2 à 6 ans.* (Québec)

Faites connaissance avec Frédérike

Les jolis minois sur la page couverture de ce livre sont ceux de mes nièces, Frédérike et Sofie. Sofie a 20 mois ; elle mange beaucoup, et de tout ! Frédérike va à la maternelle ; c'est une petite fille pleine d'énergie, coquine à souhait, qui s'intéresse à tout sauf à la nourriture, exception faite des spaghettis avec sauce à la viande et du fromage.

Les jeunes bambins ont souvent des fixations de ce genre. Dès que Frédérike voit l'un de ses parents glisser les longs spaghettis dans l'eau bouillante, elle est aux anges et mange ensuite avec avidité. Elle en avale une énorme portion… pour pouvoir survivre jusqu'au prochain repas de spaghetti ! Ses parents sont découragés. Depuis l'âge d'un an, leur fille aînée n'a aucun goût pour les légumes ou les fruits. Il faut faire preuve d'énormément d'imagination pour lui faire avaler un morceau de pomme ou une petite carotte crue. Avec le jeu, cela fonctionne relativement bien. Mais que d'énergie cela demande ! En transformant une banane en bonhomme qui parle, en jouant au jeu de cache-cache avec la nourriture ou à celui du « premier-qui-trouve-le-raisin-zin-zin », ils réussissent à lui faire avaler une petite quantité de fruits et de légumes. Mais est-ce la bonne façon de s'y prendre ? Ne risque-t-elle pas ensuite d'associer systématiquement « nourriture » et « jeu » ? Donc, si on ne joue pas, Frédérike ne mange pas ?

Que faire ?

Le jeu n'est certes pas la solution. De temps en temps, oui, mais pas à chaque repas. Il est évident que si vous jouez toujours avec votre enfant lorsqu'il est en train de manger, il prendra cette habitude et vous aggraverez la situation. Par contre, s'intéresser à lui et lui parler pendant le repas peut réellement l'encourager à aimer le fait de rester à table et de faire enfin ce que tous les autres font, c'est-à-dire *manger* !

Dès sa naissance, prenez toujours une attitude détendue pendant les boires ou les repas de votre enfant. Ne le forcez jamais à manger et ne passez jamais de commentaires négatifs sur la quantité de nourriture qu'il a ingurgitée pendant le repas. Vous aggraveriez la situation à coup sûr.

Pour ne pas le décourager, servez-lui des portions raisonnables. Une assiette trop remplie peut avoir un effet décourageant sur l'enfant qui n'a pas très faim. Cela peut même lui enlever le goût de prendre une seule bouchée. Une plus petite portion représentera une moins grosse montagne à surmonter. De plus, à l'heure de son repas, ne vous pressez pas.

Il aime les pâtes ? Variez la sauce ! Il est très facile de cacher des légumes dans une sauce à spaghetti. Des épinards hachés très finement ne se voient presque plus après la cuisson, de même que le persil frais, les courgettes, les poireaux et les oignons. On retrouve aussi sur le marché des pâtes de toutes les saveurs. Laissez-vous inspirer !

Si Petit Loup est dans une période où il refuse toute nourriture ou si, par exemple, il fait une fixation sur le pain et ne veut rien d'autre, demandez conseil à une diététiste, pour lui donner temporairement un supplément alimentaire. À l'heure des repas, vous serez moins tendu si vous savez qu'il ne manque de rien.

Si, malgré tous vos efforts, votre enfant continue à avoir de la difficulté à apprécier la nourriture en général, comme ma nièce Frédérike, il se pourrait bien qu'il soit néophobe, c'est-à-dire qu'il ait peur de tout nouvel aliment qui se trouve dans son assiette. La néophobie alimentaire est un trouble passager du comportement ; ce n'est pas une maladie. Elle est plus fréquente chez les filles et n'est en rien annonciatrice de troubles alimentaires à l'âge adulte. Elle touche les enfants de 2 à 10 ans, avec un pic de fréquence qui se manifeste entre 3 et 7 ans.

Depuis environ six mois, Frédérike fait de nouvelles expériences. Elle a recommencé à s'intéresser à la nourriture et mange de plus grosses portions. Elle a quelques intolérances alimentaires, comme son papa, et ses parents savent maintenant régler ce petit inconvénient. Tout semble maintenant rentrer dans l'ordre... après quatre années d'inquiétude et de découragement quotidiens pour ses parents !

Faites du repas une expérience intéressante où l'on découvre de nouvelles choses et où l'on a le droit de refuser son assiette sans se faire regarder avec de gros yeux.

Sauce à spaghetti minute... avec légumes cachés !

200 g de bœuf ou de veau haché maigre
(ou un paquet de tofu)
1 tasse d'épinards frais
1 poireau
1 oignon
1 courgette
2 c. à soupe de persil frais (ou 1 c. à thé de persil séché)
2 boîtes de tomates concassées
1 c. à soupe de beurre ou de margarine
1 c. à soupe de sucre
Sel et poivre (facultatif)

Lavez les légumes frais (sauf l'oignon) et faites-les cuire à la vapeur jusqu'à tendreté.

Hachez l'oignon très finement et faites-le revenir dans du beurre ou de la margarine avec la viande hachée ou le tofu.

Broyez les légumes cuits avec les tomates en conserve au robot ou au mélangeur jusqu'à obtention d'une purée.

Incorporez la purée de légumes dans la poêle avec les autres ingrédients, sans oublier le sucre (pour réduire l'acidité des tomates).

Faites mijoter à feu doux environ 10 minutes, en remuant de temps en temps.

Servez sur les pâtes de votre choix.

Un non qui veut dire oui !

Lorsque votre enfant refuse de manger, ne le prenez pas toujours au sérieux. Il peut dire non pour se sentir en contrôle, mais changera souvent d'avis par la suite. « Non ! » peut signifier « Laisse-moi décider. » En l'interprétant de cette façon, vous diminuerez les tensions.

Si vous dites à votre enfant de deux ans « Viens manger ! », vous aurez un non à coup sûr. Il aura toujours autre chose à faire de plus intéressant. Donnez-lui des choix. « Veux-tu manger dans ta chaise haute ou sur ton siège d'appoint ? » « Veux-tu manger avec une cuiller ou une fourchette ? » « Prends-tu ton lait dans un verre ou dans ton gobelet ? » Ensuite, prenez le temps de vous asseoir avec lui, même si vous ne mangez pas.

Habituellement, la convivialité ouvre l'appétit, mais avec ma fille, cela ne fonctionnait pas. Combien de fois ai-je vu Victoria, entre deux et trois ans, détourner la tête avec un « Non ! » catégorique avant même d'avoir vu le contenu de son assiette ! Je déposais alors l'assiette devant elle sans dire un mot, et je m'occupais à autre chose. Elle regardait la nourriture, la touchait, et finissait par prendre quelques bouchées. Si je la regardais avec trop d'insistance, elle répétait son petit manège : « Non ! », détournait la tête et refusait de manger. Lorsqu'elle commençait réellement à manger, je me rassoyais à la table et l'accompagnais en mangeant ou en m'intéressant à elle. À chacun son style : Victoria, du haut de ses deux ans, avait besoin qu'on la laisse tranquille pour commencer son repas !

Rituels et routine

Ce qui caractérise beaucoup les enfants de 18 mois à trois ans, c'est leur besoin absolu de rituels et de routine. À cet âge, ils aiment replacer toujours les jouets à leur place, entendre les mêmes histoires et refaire les choses dans un ordre immuable. Eh bien, profitez-en ! Faites en sorte que l'horaire soit toujours le même pour les repas. Instaurez un rituel dans lequel votre enfant se sentira concerné.

Lorsque mes filles avaient cet âge, nous répétions tous les jours la même routine pour le repas du soir. Elles le savaient et elles l'attendaient. Et gare à nous si nous sautions une étape ! Cela les aidait à se préparer psychologiquement au repas que nous allions prendre ensemble et au fait qu'elles seraient confinées sur leur siège d'appoint pendant au moins 30 minutes. Nous avons aussi une routine pour le coucher. Ma fille Victoria apprécie encore beaucoup les rituels, même si elle a maintenant six ans. Très souvent, en revenant de l'école, elle nous dicte son programme jusqu'à son coucher : « D'abord, je vais jouer avec Stéphanie ; ensuite, je prends ma collation, je fais mes devoirs, je soupe, je prends mon bain, papa me raconte une histoire et puis, je vais aller me coucher ! » Et nous répondons tous en chœur : « Oui, mon Général ! », ce qui la fait bien rigoler. Les rituels rassurent les enfants. De plus, ils sentent alors qu'ils ont un certain contrôle, qu'ils décident de l'ordre des choses. C'est un sentiment qu'ils développent grandement entre deux et trois ans.

Les jeunes enfants ont l'appétit fragile. C'est pourquoi l'horaire des repas doit être respecté le plus possible, pour éviter tout dérèglement. Car il suffit de peu de chose pour que leur appétit s'envole comme un ballon gonflé à l'hélium ! La fatigue y est souvent pour beaucoup. Si le repas est retardé, ne serait-ce que de 20 minutes, cela peut suffire pour leur couper l'appétit. Un enfant fatigué ne mange pas. Il joue avec sa nourriture, rechigne et pleure. À cet âge, manger est un exercice qui exige beaucoup d'énergie. Et les distractions provoquées par le bruit et la télé produisent un effet qui n'est pas négligeable, tout comme les chatouilles que lui fait la grande sœur sous la chaise haute, d'ailleurs ! Pour se concentrer sur son repas, Petit Loup a besoin de calme.

Les choses à ne pas dire

Nos enfants nous poussent parfois à explorer les limites de notre patience. Sans égard à l'éducation que nous avons reçue, manger ou ne pas manger demeure une activité très émotive pour les parents que nous sommes. Un enfant qui ne mange pas beaucoup provoque souvent chez son papa et sa maman beaucoup de soupirs, d'inquiétude et même de colère… Cela peut s'avérer une expérience instructive pour nous, mais la culpabilité qui l'accompagne est bien difficile à vivre, et elle est aussi fort mauvaise conseillère. Dans un cas d'impatience extrême, un parent peut manipuler, menacer, faire peur, se livrer à du chantage émotif et coller des étiquettes sur le dos de son enfant ! Vous ne me croyez pas ? Lisez bien ceci : « Fais-moi plaisir, mange un peu », « Une bouchée pour maman, une bouchée pour papa ! », « Tu es un petit bec sucré ! », « Si tu ne manges pas tu n'auras pas de dessert ! », « Tu ne pourras plus grandir », « Si tu manges tes brocolis, on ira au parc », « Tu es un gentil garçon, tu as tout mangé ! », « Tu fais beaucoup de peine à papa », « Mange comme une grande fille, maintenant », « Cet enfant a un appétit d'oiseau ! », « Si tu continues à ne pas manger, on va finir par aller voir le docteur ! »

Est-ce suffisant ? Si vous prétendez n'avoir jamais dit de telles phrases à votre petit trésor, ce sera mon tour de ne pas vous croire. Ne marchandez jamais votre amour par le nombre de cuillerées avalées !

Variez le menu !

Même si votre petit chéri n'aime que les patates et le pain, vous ne pouvez évidemment pas le nourrir uniquement avec ces deux aliments. Continuez de varier le menu et présentez-lui les mêmes plats qu'au reste de la famille. S'il ne mange pas, retirez-lui son assiette, sans faire de commentaires. Évidemment, offrez-lui de temps en temps les aliments qu'il préfère, mais pas chaque fois qu'il refuse son assiette. Sinon, il comprendra assez vite qu'il n'a qu'à attendre la fin du repas pour avoir ce qu'il veut.

Les bambins de cet âge mangent beaucoup avec leurs yeux. Les couleurs et les formes originales les attirent et éveillent leur appétit. Faites preuve d'ingéniosité lorsque vous disposez les aliments sur son assiette : créez des formes en découpant la viande en triangles ou en allant chercher le maximum de couleurs avec les légumes.

Carottes sucrées

(Plat d'accompagnement pour un adulte et un enfant)

3 grosses carottes
3 tasses d'eau
1 c. à thé de beurre
4 c. à soupe de sirop d'érable

Faites bouillir les carottes coupées en rondelles ou en bâtonnets avec le sirop et le beurre, jusqu'à ce qu'elles soient tendres.

La garderie *versus* la maison

Souvent, certains enfants mangent beaucoup mieux à la garderie qu'à la maison. Il me semble que l'on n'a pas à réfléchir bien longtemps pour en comprendre la raison. À la garderie, ils sont plusieurs petits copains à manger ensemble ; l'attention des éducateurs ne peut donc se porter constamment sur votre enfant, et ils ont comme consigne de ne *jamais* les forcer à manger. Le fait que les bambins mangent tous en même temps provoque aussi un effet d'entraînement. Mon aînée allait dans une garderie tenue par des femmes vietnamiennes et elle y a mangé des plats exotiques auxquels elle n'aurait jamais voulu goûter à la maison !

Pourtant, je suis certaine que ce n'est pas parce qu'il compare vos recettes à celles de sa garderie qu'un enfant refuse de manger. En fait, tout est dans l'ambiance et dans l'attitude des adultes qui s'affairent autour de lui, sans compter l'effet d'entraînement.

L'activité physique et les promenades au parc peuvent aussi influer sur leur appétit. Dans la plupart des garderies, les enfants sont physiquement très actifs. Par conséquent, ils mangent mieux et dorment mieux, aussi.

Les quantités

Souvent, les parents ont l'impression que leur enfant ne mange pas. Si votre bambin a toujours très bien mangé ses purées et que, du jour au lendemain, la quantité diminue dramatiquement, vous aurez peut-être l'impression qu'il ne mange plus, mais c'est faux. Faites l'exercice d'écrire ce que votre enfant avale dans une journée, même si ce n'est qu'une toute petite bouchée. Si le résultat ressemble aux exemples donnés ci-après, vous n'avez pas à vous faire de souci ou à le forcer à manger plus.

La journée de Sarah-Jeanne

7 h : 2 onces de lait
9 h : la demie d'une rôtie, avec de la confiture
10 h : 6 onces de jus
13 h : une tranche de pain, avec du fromage
16 h 30 : 2 onces de jus
17 h : 4 tranches de concombre, avec du fromage
19 h 30 : 4 onces de lait

La journée d'Antoine

6 h : 3 onces de jus, coupé avec de l'eau

8 h : un bol de céréales, avec du lait

10 h : 4 onces d'eau

12 h 30 : 5 bouchées de pomme de terre, une bouchée de poulet

13 h : 1 yogourt aux pêches

16 h 30 : quelques bouchées de banane

18 h 30 : une tranche de pain beurré

19 h 15 : une gorgée d'eau

La journée de Thomas

7 h : 6 onces de lait

7 h 30 : un morceau de fromage et 2 onces de jus

12 h : des macaronis, avec de la sauce à la viande

16 h : 8 onces de lait

18 h : une petite carotte crue et un quignon de pain

18 h 15 : 2 onces d'eau

20 h : 6 onces de lait

Sarah-Jeanne, Antoine et Thomas ont respectivement 19, 24 et 26 mois. Ils ne mangent pas beaucoup, je suis bien d'accord ; mais ils mangent quand même. En fait, ils prennent ce dont ils ont besoin, pas plus. Ce sont des enfants normaux et en parfaite santé, et leurs courbes de croissance sont normales. Dans des cas comme ceux-là, il n'y a aucune inquiétude à avoir. Dans quelques semaines ou quelques mois, leurs habitudes alimentaires changeront, parce qu'ils seront tout simplement dans une phase différente de leur développement.

Après deux ans et demi, la quantité de nourriture dans l'assiette ne change plus beaucoup. Lorsque mes filles avaient trois et sept ans, elles mangeaient tous les jours les mêmes quantités de nourriture. Le rythme de croissance de la plus jeune étant plus accéléré, elle avait meilleur appétit que la plus grande. L'aînée, elle, grandissait moins vite et avait moins faim malgré sa capacité d'absorber plus de nourriture. J'ai observé le même phénomène chez les enfants de certains de mes amis. Par contre, l'appétit et les quantités, tout comme l'envie de goûter de nouveaux aliments, augmentent à partir de huit ou neuf ans, et font un bond plus spectaculaire vers 12 ans.

« L'adulte fournit la qualité, l'enfant détermine la quantité. »
— Louise Lambert-Lagacé, diététiste. *La sage bouffe de 2 à 6 ans.* (Québec)

On compte les bouchées !

Les jeunes enfants aiment savoir où ils en sont et où ils s'en vont ! La petite enfance représente une étape cruciale du développement au cours de laquelle ils explorent leurs limites... dans tout ! Notre patience constitue pour eux un terrain d'exploration privilégié, mais ils ne se limitent pas à cela (heureusement pour nous, ils ont d'autres champs d'expérience !). Déterminer le nombre de bouchées à manger peut s'avérer un bon truc pour les petits qui se découragent devant une assiette pleine. Ce truc fonctionne très bien pour Victoria et pour quelques enfants du même âge de sa garderie. Les éducatrices les laissent entamer leur repas, et lorsqu'ils se mettent à se désintéresser de leur assiette, elles leur proposent de prendre un certain nombre de bouchées avant le dessert. Si l'enfant dit qu'il ne veut pas de dessert, le message est clair : il n'a plus faim et il peut arrêter de manger. N'insistez pas.

Une phase passagère

Vers l'âge de trois ou quatre ans, la plupart des enfants voient leur appétit se modifier. Ils recommencent à s'intéresser à la nourriture et aux nouveaux aliments. Ils veulent faire comme les grands et manger de nouvelles choses ; à partir de cet âge, ils peuvent beaucoup mieux verbaliser leurs goûts et sont beaucoup plus raisonnables. La période cruciale du non et de la recherche d'identité est maintenant chose du passé.

Par contre, d'autres enfants qui ont toujours eu bon appétit commencent à cet âge à devenir capricieux, particulièrement face aux légumes. Ce comportement aussi est normal. Toutefois, les enfants ne sont pas tous pareils.

Après quatre ans, vous devriez consulter votre médecin si votre Petit Loup persiste à ne rien vouloir manger depuis plus de deux ans ou si vous ne voyez aucun changement dans ses goûts alimentaires. Le médecin fera d'abord un bilan de santé et déterminera ensuite s'il souffre d'une carence de vitamines et de minéraux. Il peut aussi suspecter un problème comportemental par rapport à la nourriture. Dans certains cas, il référera l'enfant à un pédopsychologue.

En somme, dites-vous bien qu'il y aura toujours des enfants qui mangent peu et d'autres qui mangent davantage. Chaque adulte, comme chaque enfant, n'a pas besoin des mêmes quantités de nourriture pour bien fonctionner et se développer. C'est la même chose avec le sommeil.

Si vous ne reconnaissez pas votre enfant dans ce chapitre, cela ne signifie pas pour autant qu'il ne soit pas normal. Il fera probablement ses apprentissages sur un autre terrain.

« [...] beaucoup de troubles du comportement alimentaire des adolescents résultent de l'attitude de la mère à l'époque de leur petite enfance. Un comportement répressif a presque toujours des résultats désastreux. »
— Rietje Vonk, journaliste. *L'appétit des bébés.* (France)

Les nouveaux aliments

Le lait homogénéisé

Le tout premier contact de bébé avec le lait homogénéisé (3,25 % m.g.) peut se faire à partir de huit mois, dans ses céréales du matin. En remplaçant par du lait homo la petite quantité de lait maternel ou de préparation pour nourrisson que vous utilisez pour mélanger ses céréales, vous aidez le système digestif de votre bébé à s'habituer très graduellement au lait qu'il boira pour le reste de sa vie.

L'enfant qui est nourri avec une préparation pour nourrisson est habitué à la protéine bovine du lait. S'il n'a jamais eu de réactions allergiques, vous savez déjà qu'il n'y aura pas de problèmes d'allergie avec le lait homo. Pour le bébé qui ne connait que le lait maternel, ajouter une petite quantité de lait homo dans ses céréales représente une façon prudente de vérifier s'il sera plus tard allergique à la protéine bovine.

Généralement, c'est à partir de 12 mois que vous pouvez commencer à donner des biberons de lait homogénéisé. Par contre, si, comme c'est le cas des miens, votre enfant n'a aucune allergie alimentaire, ne souffre d'aucune carence et mange au moins trois quarts de tasse d'aliments solides et variés par jour, vous pouvez commencer un peu plus tôt, vers neuf ou dix mois. Quel que soit l'âge auquel vous commencerez, entre neuf et 12 mois, la règle, c'est d'y aller très graduellement, pour que le système digestif du bébé s'habitue doucement. En effectuant la transition sur une période d'environ deux mois, vous éviterez pratiquement tout problème de constipation, de coliques et de rejet de la part de l'enfant.

Si votre petit amour ne prend pas son lait au biberon parce que vous l'allaitez, donnez-lui, deux à quatre fois par jour, une once (15 ml) de lait homo au gobelet. S'il n'aime pas le goût, mélangez-le avec un peu de lait maternel et augmentez petit à petit la proportion de lait homo.

Si Petit Loup prend une préparation pour nourrisson ou son lait maternel au biberon, voici une méthode pour l'aider à faire la transition.

Transition au lait homo

Dans tous ses biberons de 8 onces (240 ml)

Semaines 1 et 2 :	1 once de lait homo 7 onces de son lait habituel.
Semaines 3 et 4 :	2 onces de lait homo 6 onces de son lait habituel.
Semaine 5 :	3 onces de lait homo 5 onces de son lait habituel.
Semaine 6 :	4 onces de lait homo 4 onces de son lait habituel.
Semaine 7 :	5 onces de lait homo 3 onces de son lait habituel.
Semaine 8 :	6 onces de lait homo 2 onces de son lait habituel.
Semaine 9 :	7 onces de lait homo 1 once de son lait habituel.
Semaine 10 :	8 onces de lait homo.

Par la suite, il est recommandé de ne lui donner que du lait homogénéisé pendant toute son enfance, car ce lait fournit des acides gras essentiels au développement du système nerveux, du calcium en quantité et des protéines.

Le lait, pris en quantité raisonnable, est excellent pour les enfants. Rappelez-vous que c'est un aliment, et non une boisson. Ne laissez pas votre enfant en boire trop. Prendre plus de 25 onces (750 ml) de lait par jour pour un enfant de plus de deux ans peut réellement lui être dommageable. En effet, trop de lait entraîne un surplus de protéines et de gras, qui sont inutiles pour la croissance. Un enfant qui en boit trop mange moins et risque de ne pas absorber assez de fer. De plus, le calcium en trop grande quantité empêche le précieux fer d'être absorbé au niveau de l'intestin, car ces deux éléments sont assimilés au même endroit.

Aussi, en vieillissant, l'enzyme appelée « lactase », qui a pour fonction de digérer le lactose (sucre du lait), est produite en moins grande quantité dans notre organisme. Certaines personnes souffrent donc d'une intolérance au lactose à l'âge adulte. Cette insuffisance enzymatique provoque des ballonnements, des maux de ventre et des gaz. C'est pourquoi il est préférable de réduire la consommation quotidienne de lait à huit onces (240 ml) ou moins au début de l'âge adulte. Le fromage et le yogourt nature ne provoquent pas de problèmes de ce genre.

Finalement, le lait écrémé ou partiellement écrémé ne convient pas aux bébés de moins de 24 mois. Je vous fais les mêmes recommandations avec le lait de soya, qui ne contient pas suffisamment de calories, de calcium et de vitamine D.

Cependant, si, après son deuxième anniversaire, votre enfant est en bonne santé et mange bien, vous pouvez commencer à lui servir le même lait que le reste de la famille.

Si votre enfant de plus de deux ans boit moins de huit onces de lait par jour mais qu'il mange d'autres produits laitiers à tous les repas (fromage, yogourt, pudding au lait, etc.), ne vous inquiétez pas. Il a tout ce dont il a besoin.

Les céréales et leur précieux fer

Les céréales pour bébé sont fortement recommandées jusqu'à 18 mois. Ce ne sont pas les commerçants de céréales qui le disent, mais plutôt les diététistes et les médecins, qui constatent que près de 50 % des enfants québécois de moins de cinq ans souffrent d'une carence en fer, à divers degrés. Si votre enfant mange peu ou pas d'aliments riches en fer et que vous soupçonnez qu'il n'en absorbe pas assez, continuez les céréales pour bébé jusqu'à ce qu'il ait au moins deux ans.

Après 18 mois, vous pouvez commencer à servir à votre enfant des céréales sèches prêtes à servir. Lisez bien les étiquettes. Choisissez, de préférence, les céréales riches en fer (2 mg par 100 ml ou plus) les moins sucrées possible. À cet âge, les enfants ne recherchent pas nécessairement le goût sucré dans les céréales. Mais si celles que vous avez choisies sont un peu fades, rehaussez-en le goût en y ajoutant des bleuets, des fraises, des raisins secs, des tranches de bananes ou des morceaux de poires fraîches ou en conserve.

Les céréales à cuire comme le gruau d'avoine, la crème de riz et la crème de blé sont, la plupart du temps, enrichies de fer. Elles représentent un apport important dans l'alimentation de votre enfant. La crème de blé enrichie de fer renferme sept milligrammes de fer par 100 millilitres. Le record dans ce domaine appartient aux céréales sèches Nutrios, de Heinz^MD, dont chaque portion de 100 millilitres renferme 10 milligrammes de ce précieux fer !

(100 ml = 2/5 de tasse = 6 c. à soupe).

Dans les recettes de crêpes, de biscuits ou de muffins, remplacez la moitié de la farine par des céréales pour bébé à l'avoine ou au blé. Vous ne verrez presque pas de différence au goût, et le taux de fer de votre recette sera plus élevé.

Pour rester en bonne santé, les enfants de moins de cinq ans ont besoin de six milligrammes de fer par jour.

Les légumes

Les légumes devraient faire partie de presque tous les repas des enfants et de leurs parents. Les adultes qui en mangent avec enthousiasme et plaisir auront beaucoup moins de difficulté à en faire manger au reste de la famille. Les légumes sont riches en vitamines et en minéraux de toutes sortes, et il n'est pas exagéré de dire qu'ils sont aussi thérapeutiques.

Si vous mangez vos légumes cuits, ils doivent rester croquants pour conserver le maximum de leurs vitamines et de leurs minéraux ; évitez autant que possible la cuisson dans l'eau. (Voir le chapitre *Méthodes de cuisson,* page 87.)

Les enfants de deux à quatre ans refusent souvent de manger des légumes. Voici quelques idées pour leur présenter des légumes de façon différente :

- Nappez de fromage fondu le chou-fleur et les brocolis.
- Faites une purée de pomme de terre en y ajoutant d'autres légumes.
- Cachez les légumes dans les potages.
- Faites du jus de légumes maison.
- Offrez les légumes crus avec une trempette de yogourt ou de l'hoummos.
- Soignez la présentation dans l'assiette.

Les légumes se boivent également. Ma grand-mère, qui était moitié huronne et un peu sorcière, disait que son jus de carotte, céleri et poivron vert, pris à l'automne, prévenait la grippe et les différentes infections. Elle en buvait donc un verre trois fois par semaine, pendant deux mois, et ne reniflait pas de l'hiver ! Son jus de concombre et de betterave était formidable. C'était un diurétique puissant qui favorisait l'élimination des déchets acides et facilitait la digestion.

Finalement, les légumes et les fruits sont presque l'unique source de vitamines A et C. Si votre enfant les refuse, vous pouvez vous rabattre sur quelques autres aliments pour aller chercher ces précieuses vitamines.

Voici les aliments les plus riches en vitamines A et C. Beaucoup d'autres aliments en contiennent, mais ceux qui sont mentionnés ci-dessous sont les plus riches. Privilégiez-les si votre bambin n'en mange déjà pas beaucoup.

Vitamine A			
Épinard	Asperge	Mangue	Lait
Patate douce	Laitue romaine	Toutes les sortes de foie	Margarine
Carotte	Haricot	Jaune d'œuf	Huile de foie de morue
Courge	Banane	Fromage cheddar	Beurre
Tomate	Abricot		
Brocoli	Papaye		

Vitamine C			
Brocoli	Navet	Orange	Cerise
Poivron	Chou de Bruxelles	Cantaloup	Goyave
Pois vert	Tomate	Fraise	Foie de poulet
Asperge	Persil frais	Framboise	Foie de veau
Chou frisé	Pamplemousse	Kiwi	
Chou-fleur			

Les légumes verts facilitent la digestion de la viande. Voilà une excellente combinaison alimentaire!

Les bonnes patates pilées!

À la maison, nous ne mangeons jamais de purée de pommes de terre blanche. Les nôtres sont toujours colorées! Elles ont des teintes d'automne: le vert, l'orange ou le jaune. C'est aussi le temps de l'année où on en mange le plus. À trois ans, Rosemarie n'avait encore jamais vu de purée blanche. Sa réaction, lorsqu'elle en a mangé pour la première fois chez des amis, nous est restée en mémoire: «Tu as vu, maman? Les patates ont perdu leurs feuilles: elles sont toutes pâles!»

Faites cuire un ou deux légumes avec vos pommes de terre, et pilez-les ensuite avec un peu de beurre et de lait (ou de crème 15%). Voici les meilleurs légumes à utiliser: brocoli, chou-fleur, épinard, navet, panais, carotte, oignon, asperge, patate douce et courge. Avant de les cuire avec les pommes de terre, prenez soin de couper en petits morceaux les légumes qui ont tendance à faire des fils. C'est une excellente façon de faire passer les légumes moins populaires.

Nos patates vertes !

(Plat d'accompagnement pour deux adultes, deux enfants)

2 grosses pommes de terre pelées
1/2 chou-fleur
1 petit oignon
Une poignée d'épinards frais
1 c. à soupe de persil frais (ou 1/2 c. à thé de persil déshydraté)
1 c. à soupe de beurre
50 ml de crème 15 % ou de lait
Sel et poivre (facultatif)

Faites cuire les pommes de terre, l'oignon et le chou-fleur coupés en morceaux dans l'eau bouillante. Lorsqu'ils sont cuits, ajoutez les épinards et le persil. Retirez le chaudron du feu et couvrez-le pendant trois minutes. La vapeur d'eau fera ramollir les épinards et le persil.

Égouttez et réduisez les légumes en purée avec un mélangeur ou écrasez-les avec un pilon en ajoutant tous les autres ingrédients jusqu'à ce qu'ils aient la consistance désirée.

Cette purée de légumes se conserve deux jours au réfrigérateur. Après un séjour au frigo, ajoutez-lui un peu de lait et réchauffez-la au micro-ondes.

N'utilisez pas l'eau de cuisson des pommes de terre ou de tous autres légumes poussant dans la terre. Cette eau contient trop de nitrates et peut, à long terme, nuire aux reins des petits et des grands.

Les œufs

Dès l'âge de 12 mois, commencez à introduire l'œuf entier dans l'alimentation de votre bambin. L'œuf est un aliment très intéressant : on peut le servir de toutes sortes de façons, et il est facile à préparer et à digérer. Il est riche en protéines, en vitamines, en minéraux et en acides gras essentiels. À partir d'un an, un enfant peut manger trois œufs entiers par semaine. Après six ans et pour le reste de sa vie, il est préférable de ne pas dépasser quatre œufs par période de sept jours. Et en plus d'être si bons, les œufs font travailler notre imagination !

Le blanc d'œuf peut causer des allergies ou des intolérances. C'est la raison pour laquelle on ne le sert à bébé qu'à partir de 12 mois. Si votre enfant a une réaction allergique après son premier œuf entier, consultez votre médecin de famille ou un allergologue à ce sujet. S'il n'a jamais eu de réactions allergiques avec le jaune d'œuf cuit dur, certains médecins vous proposeront de continuer à lui en servir trois fois par semaine, et d'autres vous conseilleront de couper complètement les œufs, y compris le jaune, pour les quatre prochaines années, ainsi que tous les produits contenant des œufs (pâtes, gâteaux, biscuits, etc.). Sur ce sujet, les avis des médecins sont partagés.

Viandes, fer et protéines

Qu'elle soit rouge ou blanche, la viande est l'aliment qui contient le plus de fer et de protéines, en plus de son apport en vitamine B^{12}.

La viande de cheval est de plus en plus consommée au Québec et en Europe. Les cas de vache folle et la teneur élevée en lipides du bœuf ont favorisé un retour de la viande chevaline, qui reprend du poil de la bête. D'ailleurs, sa couleur rouge foncé indique son riche taux de fer. Le bœuf et le porc n'atteignent pas cette valeur. La viande de cheval est donc indiquée pour les personnes qui ont des besoins plus élevés en fer telles que les femmes enceintes ou les enfants anémiques. Si vous recherchez une viande très riche en fer et en protéines, mais que la viande de cheval ne vous dit rien, je vous conseille le foie de veau.

Si votre enfant ne mange pas de viande, d'autres aliments peuvent la remplacer. En effet, tout comme le tofu, un repas de légumineuses peut remplacer un repas de viande, mais il faut pour cela que Petit Loup en mange une bonne portion. Si votre enfant est végétarien, vous devrez être plus vigilant dans le calcul des protéines et du fer que votre trésor absorbe quotidiennement.

Besoins quotidiens en fer chez l'enfant de un à cinq ans : 6 mg

Foie de veau (50 g)	=	7 mg de fer
Viande de cheval (50 g)	=	2 mg de fer
Poisson (50 g)	=	2 mg de fer
Viande de bœuf (50 g)	=	1,5 mg de fer
Tofu (50 g)	=	1 mg de fer
Poulet (50 g)	=	0,8 mg de fer
Haricots noirs cuits (50 ml)	=	1,5 mg de fer
Légumineuses cuites (50 ml)	=	1 mg de fer
Épinards cuits (50 ml)	=	0,9 mg de fer
Mélasse noire (15 ml)	=	3 mg de fer
10 amandes	=	0,5 mg de fer
Germe de blé (15 ml)	=	0,4 mg de fer
Une datte	=	0,2 mg de fer
Un verre de jus de pruneau (100 ml)	=	4 mg de fer

Besoins quotidiens en protéines chez l'enfant de un à cinq ans : 20 grammes

Foie de veau (50 g)	=	15 g de protéines
Viande de bœuf (50 g)	=	13 g de protéines
Poulet (50 g)	=	12 g de protéines
Viande de cheval (50 g)	=	11 g de protéines
Poisson (50 g)	=	11 g de protéines
Tofu (50 g)	=	4 g de protéines
Un morceau de cheddar (30 mg)	=	7 g de protéines
Yogourt nature (125 ml)	=	6 g de protéines
Un œuf	=	5 g de protéines
Un verre de lait de chèvre (125 ml)	=	4,5 g de protéines
Un verre de lait de vache (125 ml)	=	4 g de protéines
Fèves de soya cuites (50 ml)	=	4 g de protéines
Beurre d'arachide (15 ml)	=	4 g de protéines
Légumineuses cuites (50 ml)	=	4 g de protéines
Une tranche de pain de blé entier	=	3 g de protéines

Pour un petit enfant, une portion représente 50 grammes de viande ou 50 millilitres de légumes.

Le poisson

Le poisson est aussi riche en protéines et en fer que la viande, et est plus facile à digérer. Sa faible quantité de matière grasse est insaturée et donc, bénéfique pour la santé.

À la maison, on adore le poisson et on en mange souvent. Grillé au four avec des herbes, à la poêle avec un beurre citronné, en sauce tomate ou en papillote sur le barbecue, le poisson fait partie des repas qui reviennent toutes les semaines.

Les poissons les plus appréciés des enfants qui hésitent à en manger sont le filet de sole et l'aiglefin poché ou poêlé, et la truite saumonée (truite Saint-Mathieu ou truite arc-en-ciel) ou le saumon grillés au four. Leur goût est très doux, et vous pouvez ajouter une petite sauce au fromage ou une béchamel pour contenter les enfants plus difficiles.

Pour être certain d'acheter du poisson de première qualité, choisissez les plus petits filets du comptoir. Plus ils sont petits, plus le poisson est jeune et moins il a été exposé à la pollution ou aux pesticides. Les poissons d'eau salée sont plus sûrs, mais les poissons d'eau douce achetés dans une poissonnerie reconnue ne présentent aucun danger.

Évitez d'offrir à vos jeunes enfants du poisson qui a été pêché dans un lac, une rivière ou un fleuve par un pêcheur amateur, car la qualité de nos cours d'eau laisse parfois à désirer.

« La viande et le poisson sont les « briques » grâce auxquelles l'organisme se construit et se développe. »
— Fabien Valli, pédiatre. *L'alimentation naturelle de l'enfant de la naissance à 12 ans.* (Italie)

Les produits laitiers et le calcium

En période de croissance, le calcium est aussi important que le fer, sinon davantage. Avec son grand ami le phosphore, il contribue à la formation des dents et des os, et joue un rôle important dans la coagulation du sang. Les produits laitiers (sauf le beurre) sont les principales sources de ces deux minéraux. Il est donc très important que votre enfant en prenne tous les jours. Le lait et le yogourt sont évidemment une source substantielle de calcium et de phosphore, mais le fromage — surtout le parmesan, l'emmental et le gruyère — en contient une plus grande quantité. Le fromage peut faire partie de tous les repas, qu'il soit gratiné, tartiné, grignoté, fondu ou saupoudré... Servez-en souvent !

Outre les produits laitiers, voici des aliments champions qui renferment de bonnes quantités de calcium et de phosphore : amandes, noisettes, lentilles, pois chiches, poissons, fruits de mer, champignons, jaunes d'œuf, fruits secs, persil, graines de sésame, mélasse noire, chou frisé, pain de blé entier.

Besoins quotidiens en calcium chez l'enfant de un à cinq ans : 500 mg

Un verre de lait de soya (125 ml)	=	25 mg de calcium
Un verre de lait de vache (125 ml)	=	156 mg de calcium
Un verre de lait de chèvre (125 ml)	=	170 mg de calcium
Yogourt nature (125 ml)	=	180 mg de calcium
Un morceau de cheddar (30 mg)	=	205 mg de calcium
Un morceau de parmesan (30 mg)	=	420 mg de calcium
Mélasse noire (15 ml)	=	135 mg de calcium
Tofu (50 g)	=	63 mg de calcium
Une tranche de pain de blé entier	=	50 mg de calcium
10 amandes	=	30 mg de calcium
Fromage cottage (50 ml)	=	28 mg de calcium

Le lait de vache, qu'il soit écrémé, à 2 % de matière grasse ou homogénéisé, contient la même quantité de calcium, mais le lait écrémé est légèrement supérieur en phosphore.

Le sucre

Le sucre blanc raffiné (ou saccharose) n'apporte ni vitamines ni sels minéraux. C'est un aliment purement énergétique qui ne fournit que des calories vides. Vous avez sûrement déjà remarqué le changement de comportement d'un enfant qui vient de manger du sucre entre deux repas : il se met à sauter, à courir et à parler fort, et s'excite pour un rien ; certains deviennent même impatients ou agressifs. Lorsqu'on organise une fête d'enfants à la maison, il y a deux phases distinctes : l'*avant-gâteau* et l'*après-gâteau* ! Après le dessert, il est donc préférable de danser ou d'aller jouer dehors, pour dépenser ce trop-plein d'énergie !

En Amérique du Nord, on consomme trop de sucre. De nombreuses recherches révèlent que les enfants en prennent trois à cinq fois trop. Le sucre est d'ailleurs l'un des principaux responsables du diabète, de l'hypoglycémie, de la prise excessive de poids, des caries dentaires et des maladies cardiovasculaires.

Le sucre est trop souvent considéré comme une récompense et un aliment de réconfort. Et c'est nous, les parents, qui transmettons cette notion à nos enfants. Un jeune enfant qui apprend à apprécier des aliments sans sucre n'en exigera pas. Il ne peut pas demander ce qu'il ne connaît pas. Mais un bambin de moins de cinq ans dont la plupart de ses repas comprennent du sucre (comme du ketchup, des boissons gazeuses et des desserts raffinés) en réclamera toujours par la suite, et deviendra dépendant. Après tout, il ne faut pas se le cacher : le sucre crée une dépendance, comme la cigarette et l'alcool. Ne faites donc pas ce cadeau empoisonné à votre trésor. Par contre, un enfant de plus de cinq ans qui découvre le sucre graduellement deviendra généralement moins accro qu'un autre qui en a mangé beaucoup depuis son premier anniversaire.

Évidemment, si vous absorbez vous-même beaucoup d'aliments sucrés ou de boissons gazeuses, votre enfant vous imitera à coup sûr. Si vous ne pouvez absolument pas vous en empêcher, faites au moins l'effort de consommer votre ration de sucre lorsque votre petit n'est pas avec vous.

Parlons maintenant du chocolat. Ah ! Le chocolat... Il n'est pas dépourvu d'éléments importants pour la santé, et j'éprouve autant de plaisir à vous en parler qu'à en manger ! Mais ce chocolat doit être noir et contenir plus de 35 % de solides de cacao. Son goût est alors plus prononcé que celui du chocolat au lait, et plus le pourcentage de solides de cacao est élevé, plus il est amer. Une tablette de chocolat noir de 100 grammes contient 112 mg de magnésium, 2,9 mg de fer, 50 mg de calcium, 15 mg de sodium, 365 mg de potassium, 173 mg de phosphore, 4,5 grammes de protéines, 57,8 grammes de glucides, 0,06 mg de vitamine B1, 0,1 mg de vitamine B2 et, évidemment, beaucoup de calories.

Aussi, plus le pourcentage de cacao sera élevé, plus forte sera sa teneur en antioxydants.

En somme, sans faire du sucre un aliment interdit, il y a lieu d'en réduire notre consommation et de ne manger des aliments sucrés qu'à l'occasion.

La mention «sans sucre» indique l'absence de sucre blanc raffiné, mais n'exclut pas la présence d'autres sucres (fructose, lactose, glucose, dextrose) tout aussi énergisants et calorifiques.

Pour rehausser le goût sucré d'une recette, remplacer le sucre par du sirop d'érable, du miel ou de la mélasse noire (la mélasse noire est moins calorifique et apporte beaucoup plus de nutriments que la mélasse ordinaire).

Valeur nutritive de 15 ml de sirop d'érable, de miel et de mélasse noire

	Sirop d'érable	Miel	Mélasse noire
Calcium	13 mg	1 mg	179 mg
Fer	0,2 mg	0,1 mg	3 mg
Potassium	41 mg	11 mg	520 mg
Glucides	13 g	18 g	13 g
Énergie	52 kcal	65 kcal	49 kcal
Zinc	0,8 mg	Quelques traces	0,2 mg
Sodium	2 mg	1 mg	11 mg
Vitamine B6	Quelques traces	0,01 mg	0,15 mg

Le *fast-food*

Notre consommation de *fast-food* doit être exceptionnelle et ne doit pas être associée automatiquement à une sortie ou à un repas au restaurant. Je connais des enfants qui n'ont jamais mis les pieds dans un restaurant autre que Burger King et McDonald ! C'est désolant, car il existe beaucoup d'autres restaurants économiques que vous pouvez faire découvrir à vos enfants. Depuis quelques années, nous allons en famille dans un petit resto asiatique qui est fréquenté par une clientèle presque exclusivement vietnamienne et où un repas complet pour une personne coûte environ sept dollars. Le service est rapide, la cuisine est simple, les aliments sont frais, et mes filles adorent y manger depuis qu'elles sont toutes petites. C'est à vous de faire découvrir à vos enfants les *autres* restaurants.

Un enfant et ses parents qui mangent occasionnellement du *fast-food* au restaurant, c'est-à-dire une à trois fois par mois, ne risquent pas d'avoir des problèmes de santé. Lors de ces sorties, vous pouvez proposer à Petit Loup un jus de légumes ou de fruits à la place de la boisson gazeuse, choisir des aliments grillés plutôt que des fritures, et trouver un coin tranquille pour bien prendre le temps de manger... et de digérer !

Cuisiner du *fast-food* à la maison peut aussi devenir une fête. Faites participer votre enfant à la préparation de frites maison cuites dans de l'huile d'arachide de première pression, de bons hamburgers sur le barbecue servis avec de belles tranches de tomate ou de croquettes de poulet enrobées de chapelure et cuites au four. Si vous l'habituez à cela dès la petite enfance, votre petit chéri risque même de préférer le *fast-food* maison à celui des restaurants !

Les bonnes combinaisons alimentaires

Tout au long de l'écriture des deux tomes de *Maman, je mange*, j'ai parlé, à quelques reprises, des combinaisons alimentaires. À mon avis, il existe trois sortes de gens : ceux qui ignorent les combinaisons alimentaires, ceux qui ont une attitude modérée à ce sujet, et ceux qui s'intéressent à la combinaison des aliments à chacun de leur repas. J'admire ces derniers, et j'aimerais être capable d'autant de rigueur. D'après moi, respecter les bonnes combinaisons alimentaires est un gage de santé et de respect du bon fonctionnement de notre système digestif. J'ai beaucoup lu sur le sujet et je suis convaincue que si on prenait soin d'avoir toujours les bonnes combinaisons dans son assiette, on éviterait beaucoup de maladies et de problèmes reliés à l'alimentation.

Des repas très populaires auprès des Québécois comme le steak avec pommes de terre, les spaghettis avec sauce à la viande et pain à l'ail, le *hot chicken* et le pâté chinois ne sont que quelques exemples de ces mauvaises combinaisons.

En fait, il est facile et vraiment très simple de s'éduquer soi-même et d'apprendre à ses enfants à combiner les aliments. Mais de là à mettre ces connaissances en pratique tous les jours... « C'est une autre paire de manches », comme dirait mon père !

Sans en faire tout un plat, voici les combinaisons de base que vous pouvez essayer de respecter dans votre vie de tous les jours.

Les groupes d'aliments	**et les combinaisons possibles**
Les protéines Viande, poisson, noix, légumineuses, œufs, tofu	**Les légumes verts**
Les légumes verts Brocoli, poireau, laitue, poivron, épinard, oignon, persil, chou, asperge, courgette, endive, haricot, radis, betterave, chou-fleur	**Les céréales** **Les féculents** **Les protéines** **Les produits laitiers** **Les fruits semi-acides et acides**
Les féculents Courge, pomme de terre, carotte, navet, maïs, artichaut, riz, couscous, pâtes, noix de coco	**Les légumes verts**
Les fruits doux Banane, mangue, pomme (jaune ou rouge Délicieuse, Braeburn, Royal Gala), carambole, papaye et tous les fruits séchés	**Les fruits semi-acides**
Les fruits semi-acides Pêche, poire, pomme (McIntosh, Lobo, Empire, Cortland, Spartan), bleuet, framboise, abricot, raisin, prune, cerise	**Les fruits doux** **Les fruits acides** **Les légumes verts**
Les fruits acides Ananas, orange, pamplemousse, pomme verte (Granny Smith), kiwi, fraise, citron	**Les fruits semi-acides** **Les légumes verts**
Les produits laitiers Lait, fromage, yogourt	**Les légumes verts**
Les céréales Riz, millet, blé, avoine, orge, maïs, seigle, son	**Les légumes verts**
Les melons Cantaloup, melon d'eau, melon miel	**Ne se combinent avec rien**

Chaque groupe d'aliments est digéré dans l'estomac par des sucs gastriques différents. Plus vous faites de mélanges, plus votre système digestif travaille fort et produit des acides toxiques, ce qui cause des ballonnements, des gaz, des crampes, une mauvaise haleine, de la constipation et un grand état de fatigue. À long terme, les mauvaises combinaisons alimentaires peuvent être la cause de bien des maladies comme le cancer, l'arthrite, l'hypoglycémie et, évidemment, l'obésité.

Quel est donc le truc de la « modérée » que je suis ? Diminuez les féculents (riz, pâtes et pomme de terre) et surtout, augmentez la quantité de légumes verts à chacun des repas. De cette façon, et sans trop d'efforts, vous deviendrez, tout comme moi, des gens modérés à l'égard des combinaisons alimentaires.

Les aliments qui peuvent attendre

Certains aliments, par ailleurs excellents pour la santé, causent malheureusement des problèmes à certaines personnes. Pour éviter que vos enfants ne développent des intolérances ou des allergies, il vaut donc mieux retarder l'introduction de certains aliments le plus longtemps possible. Cela ne signifie pas que votre enfant n'aura jamais d'allergies alimentaires, mais cela pourrait contribuer à en éliminer quelques-unes ou à en atténuer les effets.

Un bébé de dix mois initié au beurre d'arachide risque de développer une allergie très dangereuse aux noix et en souffrir toute sa vie. Par contre, si vous attendez qu'il ait trois ans avant de lui en offrir, le danger sera beaucoup moins grand. L'enfant à risque souffrira peut-être d'une intolérance, tout au plus.

Les réactions allergiques peuvent être immédiates ou à retardement, et les malaises varient énormément. Lorsque survient une allergie, il est donc préférable de consulter votre médecin et, éventuellement, un allergologue, pour déterminer avec plus de précision quels sont les aliments qui causent des problèmes.

Les allergies alimentaires sont héréditaires. S'il n'y en a aucune dans votre famille ou dans celle de votre conjoint, les risques que votre enfant en développe sont minimes. Par contre, s'il y en a, votre enfant sera plus sujet aux allergies alimentaires, mais il se peut aussi qu'il n'en souffre jamais. Il pourra développer des allergies aux mêmes aliments que les membres de sa famille, mais aussi à d'autres aliments. Dans la nature, tout est possible ! Avant de faire essayer à Petit Loup des aliments qui causent des allergies à ses parents, mettez toutes les chances de son côté : attendez qu'il ait six ans, munissez-vous d'une seringue Épipen^{MD} et assurez-vous de connaître les mesures d'urgence à suivre en cas de choc anaphylactique.

Si votre enfant a une réaction allergique, les aliments les plus suspects sont : les agrumes, les petits fruits (fraises, framboises et mûres), la mangue, le kiwi, la pêche, l'ananas, la tomate, le lait et les produits laitiers, toutes les noix, le blanc d'œuf, le blé, le seigle, le son, le maïs — y compris l'huile, la margarine, les flocons, le sirop et la fécule —, les colorants alimentaires (plus précisément la tartrazine et l'amarante), le chocolat, la cannelle, le céleri, le poisson et les fruits de mer.

La prévention des allergies alimentaires

L'allaitement maternel est le meilleur moyen de prévenir les allergies alimentaires. Et si votre famille a des antécédents en matière d'allergies, mettez le plus de chances de votre côté et allaitez votre enfant le plus longtemps possible. Allaiter votre nouveau-né ne serait-ce que pendant deux semaines peut faire une différence.

Respectez à la lettre le nombre d'années requis (ou, au cours de la première année, le nombre de *mois* nécessaire) pour l'introduction des nouveaux aliments ; vous éviterez ainsi bien des problèmes. Pour la première année de vie, consultez le chapitre « Les saveurs du mois » de mon premier livre, intitulé *Maman, je mange !* Tome I. Quand votre enfant aura 12 mois, suivez le tableau suivant :

Les nouveaux aliments

12 mois	3 ans
Œuf entier	Son
Tomate	Seigle
Avocat	Noix
Fraises	Beurre d'arachide
Framboises	Fruits de mer
Bleuets	Chocolat
Mûres	Cannelle

Méthodes de cuisson

Les légumes à la vapeur

Votre enfant ne mange pas beaucoup ? Assurez-vous que ce qu'il absorbe contient le maximum de nutriments.

Dans le cas des légumes, la cuisson à la vapeur est la meilleure façon de conserver le maximum de vitamines et de minéraux. Procurez-vous une marguerite pour cuisson à la vapeur, en plastique (plus économique) ou en aluminium. Versez de l'eau dans une casserole (il ne faut pas que les légumes touchent à l'eau), placez-y la marguerite contenant les légumes crus et couvrez.

Coupez les légumes en petits morceaux, pour que la cuisson dure le moins longtemps possible. La cuisson à la vapeur est rapide. Dès que l'eau bout, les légumes tendres cuisent en trois à cinq minutes, et les légumes plus durs, comme la carotte coupée en rondelles ou les choux de Bruxelles, mettent jusqu'à 10 minutes. Vous aurez alors des légumes tendres à souhait, colorés, plus savoureux que s'ils avaient été cuits dans l'eau et surtout, bourrés de vitamines !

Le barbecue

La plupart des enfants aiment bien les repas cuisinés sur le barbecue, surtout à cause de la dimension plein-air et de la convivialité de l'événement. Pour vous assurer qu'ils apprécieront aussi la nourriture cuite sur le feu, préparez-leur des aliments en papillote, c'est-à-dire enveloppés dans une feuille d'aluminium. Rien ne vous empêche de vous faire un bon steak à côté ! Cette technique de cuisson rend la viande, le poisson et les légumes tendres, juteux et plus facile à mastiquer pour les jeunes enfants. De plus, ils sont ainsi moins exposés au benzopyrène, une substance cancérigène produite lorsque le gras de la viande fond, coule sur le feu du barbecue, se transforme en fumée et revient ensuite sur la viande. Les aliments enveloppés dans une feuille d'aluminium sont bien à l'abri de cette fumée néfaste.

« Un steak carbonisé de 120 grammes (240 grammes, cru) renferme autant de benzopyrène que la fumée de 135 cigarettes ! »
— Louise Lambert-Lagacé, diététiste. *La sage bouffe de 2 à 6 ans.* (Québec)

Papillotes de poisson et de légumes

(Deux portions d'enfant)

2 filets de sole
1/2 tasse de pois mange-tout
1/2 tasse de courgettes coupées en dés
1 c. à soupe de bouillon de poulet
1 c. à soupe de jus d'orange
1 c. à thé de jus de citron
Une pincée de thym
Quelques gouttes de sauce Worcestershire
1/2 c. à thé de beurre ou de margarine

Coupez les filets de sole en trois ou quatre morceaux. Dans un bol, mélangez tous les ingrédients et laissez mariner pendant une heure au réfrigérateur. Ensuite, enveloppez le tout dans une grande feuille d'aluminium en conservant le maximum de la marinade. Refermez avec une feuille d'aluminium dans l'autre sens pour pouvoir retourner la papillote sans perdre trop de jus.

Faites cuire sur le barbecue à feu moyen pendant environ 10 minutes.

Le micro-ondes

Le four à micro-ondes est très pratique. Bien utilisé, cet appareil permet de conserver une bonne partie du contenu en vitamines et en minéraux des légumes. Il faut savoir que la cuisson au four à micro-ondes conserve moins bien les nutriments que la cuisson à la vapeur, mais qu'elle est tout de même préférable à l'eau bouillante, celle-ci étant la pire façon de cuire les légumes. Les ondes, qui réchauffent ou cuisent vos aliments, travaillent de concert avec les molécules de l'eau. Donc, plus l'aliment contient d'eau, plus vite il cuit ou se réchauffe, et plus vite il sera prêt, mieux ce sera.

Pour vous assurer de conserver le maximum de vitamines lorsque vous faites cuire des légumes frais au micro-ondes, mettez environ une demi-tasse d'eau, ou moins, dans un contenant recouvert d'un couvercle ou d'un papier cellophane pour micro-ondes, et réglez l'appareil à la puissance maximale.

Le four à micro-ondes est également bien pratique pour cuire des légumes surgelés. Procédez de la même façon que pour les légumes frais, mais n'ajoutez pas d'eau et ne les faites pas décongeler auparavant. Pour une quantité d'environ 300 grammes, les légumes surgelés seront cuits en cinq à huit minutes, sauf les choux de Bruxelles, qui exigent 10 à 12 minutes de cuisson.

Il est conseillé de réduire l'utilisation que l'on fait du micro-ondes pour réchauffer le lait de bébé ou décongeler la purée. Le biberon ou le bol de purée flottant dans un contenant d'eau chaude fera exactement le même travail. Il est aussi tout à fait déconseillé de décongeler ou de réchauffer le lait maternel au micro-ondes, afin de ne pas nuire à la nature « vivante » du lait.

Voici quelques précautions à prendre :

- Assurez-vous toujours que la porte du micro-ondes est bien étanche.
- Si vous utilisez le micro-ondes pour réchauffer un repas, laissez ensuite reposer le plat à la température de la pièce pendant trois à cinq minutes, en brassant à quelques reprises, avant de le servir à votre enfant.
- Le micro-ondes ne réchauffe pas les aliments uniformément. Assurez-vous que son repas n'est pas trop chaud au centre, pour éviter que l'enfant ne se brûle.
- Utilisez seulement des contenants en plastique spécialement conçus pour le micro-ondes.
- N'utilisez jamais de contenant en métal ou de papier d'aluminium.
- Faites l'entretien de votre four à micro-ondes selon les directives du fabricant.

Toutefois, si vous faites cuire vos légumes dans l'eau, ajoutez-y un filet de jus de citron ou de vinaigre. Les vitamines se conservent mieux dans un milieu acide.

La viande et la maladie du hamburger

Ne servez pas de viande saignante ou crue à vos enfants. Leur système immunitaire n'est pas assez développé pour se défendre contre certaines bactéries. D'un autre côté, si vous la servez trop cuite, la viande sera sèche et dure à mastiquer, et votre tout-petit ne voudra tout simplement pas en manger. Assurez-vous que la viande est rosée et cuite de part en part. Au restaurant, demandez que la viande de votre enfant soit « medium-bien cuit ». Soyez prudent également avec la volaille. Si elle est rosée près de l'os ou que sa texture est caoutchouteuse, elle n'est pas assez cuite.

La « maladie du hamburger » est le nom commun que l'on donne à un type d'intoxication alimentaire causée par une bactérie connue sous le nom de *Escherichia coli* (ou *E. coli*). Elle provient d'excréments d'animaux qui contaminent la viande pendant et après l'abattage. La bactérie s'attaque surtout à nos intestins et provoque de la diarrhée, des crampes abdominales, des vomissements et de la fièvre. Les enfants en bas âge y sont particulièrement sensibles.

Une tranche de steak est moins dangereuse qu'une viande qui a été hachée, puisque la *E. coli* a tendance à rester à la surface de la viande. Ainsi, pendant la cuisson, la bactérie est brûlée et devient inoffensive. Lorsque la viande est hachée, l'élément contaminant est mélangé à la viande et peut se retrouver au centre comme en surface. Si votre viande hachée est saignante au milieu, la *E. coli* peut s'y trouver. Il faut donc servir cette viande bien cuite. La fameuse « maladie du hamburger » nous rappelle que la viande hachée doit être traitée et cuite selon des règles rigoureuses. Les voici :

- Lavez-vous les mains avant et tout de suite après avoir touché à la viande hachée crue.
- Les plats, les planches à découper, les ustensiles et les comptoirs qui ont été en contact avec la viande crue doivent être lavés à l'eau chaude savonneuse.
- La viande crue ou son sang ne doivent jamais entrer en contact avec un aliment cuit et prêt à servir. Pour servir ou apporter des aliments cuits, utilisez une assiette propre, et non celle qui a déjà contenu de la viande crue.
- Faites cuire la viande hachée jusqu'à ce qu'elle soit brune et les jus clairs.
- Ne laissez jamais de la viande hachée crue plus de 15 minutes hors du réfrigérateur, surtout par temps chaud.

Durée de conservation de la viande hachée :

2 mois au congélateur
24 heures au réfrigérateur

Habituellement, les enfants aiment beaucoup la viande hachée (bœuf, veau, dinde, agneau), surtout parce qu'elle est facile à mastiquer. Si vous respectez les règles d'hygiène et de cuisson, vous pouvez en servir souvent.

Les collations

Les fruits volent la vedette !

Les fruits nous apportent tout le sucre dont nous avons besoin et sont une excellente source d'énergie naturelle. Si l'on tient compte des combinaisons alimentaires à respecter, il est préférable de consommer les fruits au petit-déjeuner et à la collation, à un moment le plus éloigné possible des repas composés de féculents et de protéines. Vers 16 heures, c'est l'heure idéale pour la collation.

Contrairement à la croyance populaire, les fruits (ou les salades de fruits) ne devraient jamais être servis comme dessert. Les fruits se digèrent plus rapidement que les autres aliments ; donc, si on les ingurgite à la fin du repas, ils *poussent* sur ce qu'on a mangé auparavant, ce qui provoque de la fermentation, des ballonnements et des flatulences. Sans compter que les vitamines des fruits consommés après un repas ne sont pas assimilées comme il le faudrait, à cause du lent processus de digestion.

Gardez les fruits pour la collation de vos enfants. Présentez-leur une assiette avec deux ou trois fruits différents, coupés en morceaux ; ils ne pourront pas résister. Mes filles adorent piquer leurs morceaux de fruits avec les fourchettes en plastique de leurs poupées ! Ajoutez-y un coulis de fraises, de framboises, de pêches ou de raisins, ce sera encore plus attrayant. Ne proposez rien d'autre en accompagnement : ni biscuit, ni fromage, ni sucre, ni pain. Habituez vos petits à manger les fruits seuls. De cette façon, les vitamines et les minéraux seront mieux assimilés par l'organisme. Si vous les habituez très jeunes, ils en redemanderont toujours. C'est à vous de développer ce goût et cette bonne habitude chez votre enfant.

Entre un et trois ans, il faut modérer la consommation de petits fruits (fraises, framboises, bleuets, mûres) et des fruits très acides comme l'ananas, le pamplemousse, le citron, le kiwi, l'orange et la tomate. Mais à partir de trois ans, les bambins peuvent manger tous les fruits qui existent sur la Terre, même les plus exotiques !

Lorsque vous offrez des fruits à votre enfant, il est préférable de ne pas mélanger les fruits doux et les fruits acides, parce qu'ils ne sont pas digérés par les mêmes enzymes. Par contre, les fruits semi-acides se mélangent avec tous les autres (voir le tableau *Les groupes d'aliments et les combinaisons possibles*, page 81). Mangez-en avec vos enfants : l'effet d'entraînement fonctionne habituellement très bien.

Les melons sont des solitaires. Ils ne se mélangent avec aucun autre fruit ou aliment, à moins d'être consommés en premier, car ils se digèrent très rapidement. Les melons sont alcalins et diurétiques.

La banane n'est pas un fruit comme les autres. C'est un fruit féculent qui est plus long à digérer. Si la banane est combinée à d'autres fruits, elle retardera leur digestion et provoquera un peu de fermentation dans l'estomac. Certains enfants n'en feront aucun cas, mais d'autres, plus sensibles, auront quelques crampes. Les petits bedons fragiles auront donc intérêt à manger la banane seule.

Ne négligez pas les fruits séchés. En hiver, lorsque les fruits frais sont moins variés, offrez à votre enfant des raisins secs, des abricots, des pruneaux, des dattes et des bananes séchés. Ils aident à procurer de la chaleur et de l'endurance au corps.

Enfin, lavez soigneusement les fruits frais avant de les consommer, surtout si vous n'enlevez pas la pelure. La plupart des fruits sont hélas vaporisés de produits qui les protègent des insectes et de la moisissure. Ces produits (le thiabendazole, le diphényle et l'orthophénylphénol) n'attaquent pas le cœur des fruits et restent sur la pelure. Un bon lavage, suivi d'un essuyage rigoureux dans le cas des pommes, nous en débarrasse. Cependant, n'allez pas jusqu'à faire tremper les fruits, car vous perdriez les vitamines et les minéraux.

Les jus : oui, mais pas trop !

Les jus, pris en quantité raisonnable, sont excellents pour les enfants. Le choix du jus et le moment pour le boire sont aussi importants.

Choisissez des jus « 100 % purs » ; c'est écrit sur l'étiquette. Si vous retrouvez cette appellation sur le contenant du jus, vous pouvez vous y fier. Les jus 100 % purs coûtent plus cher que les cristaux de saveur ou les boissons ou cocktails aux fruits, mais ceux-ci contiennent très peu ou pas de jus. Ils sont par contre bourrés de sucre, de saveurs artificielles... et d'eau !

Les jus maison

Pour faire une bonne quantité de jus de fruits ou de légumes maison, vous devez vous procurer une centrifugeuse, communément appelée un « extracteur de jus ». Cet appareil extraordinaire sépare le jus de la pulpe. Les jus maison ne se conservent que quelques heures, même s'ils sont placés au réfrigérateur. Dès qu'ils sont extraits et exposés à l'air, ils commencent à perdre leurs vitamines.

Essayez d'éviter de servir des jus de fruits aux repas. Le jus de fruits se digère très rapidement et, s'il est retardé par des aliments, il perd plusieurs de ses éléments nutritifs et provoque des gaz et des ballonnements. Il est donc préférable de consommer des jus entre les repas ou au petit-déjeuner.

Les jus maison représentent une excellente façon de faire passer certains fruits et légumes que vos enfants aiment moins, à condition de toujours y mettre un peu de pulpe, car c'est là que se cache une grande partie des vitamines.

Les jus à succès !

40 % de fraise / 30 % de kiwi / 30 % de raisin vert

50 % de pomme / 50 % d'orange

40 % de poire / 30 % de pêche / 30 % de pomme

50 % de mangue / 50 % de pêche

70 % d'orange / 30 % de fraise

40 % d'orange / 40 % d'ananas / 20 % de banane

50 % de pêche / 25 % de framboise / 25 % de banane

50 % de carotte / 25 % de céleri / 25 % de pomme

40 % de carotte / 30 % de concombre / 30 % de céleri

Ajoutez à chaque jus un peu de jus de citron, pour ralentir l'oxydation.

À vous d'inventer vos propres jus, maintenant !

Nettoyez votre centrifugeuse et ses accessoires tout de suite après leur utilisation. Si vous attendez, ils seront beaucoup plus difficiles à laver.

Collation *versus* grignotage

Une collation devrait se prendre assis, à la table ou au comptoir. Manger n'est pas un passe-temps. La collation devrait se prendre à heure fixe, comme les repas de la journée. Ne laissez pas Petit Loup se promener dans la maison en mangeant, ne serait-ce qu'un petit morceau de fromage. Manger en se promenant ou en regardant la télévision devient du grignotage. Essayez de l'en empêcher pour ne pas développer chez lui de mauvaises habitudes, mais aussi pour éviter de trouver des miettes de biscuits et des cœurs de pommes sur les coussins de la causeuse, dans les plantes, dans la sécheuse à linge, dans la poche de votre veston de suède ou incrustés sur la carpette de la salle de bain (Eh oui ! Croyez-moi, j'ai beaucoup de vécu de ce côté... et j'aimerais avoir assez de rigueur pour suivre les recommandations que je donne dans ce livre !)

Pendant la petite enfance, vous avez encore le contrôle sur le moment et l'endroit où se prennent les collations et les repas, de même que sur la nature et la qualité des aliments. Essayez de garder ce contrôle le plus longtemps possible, pour permettre à votre enfant d'adopter de bonnes habitudes pour plus tard.

De l'eau, s.v.p.

J'ai des amis qui ont trois jeunes garçons et qui ont installé une distributrice d'eau à la maison. Juste à côté de l'appareil, ils laissent, sur une petite tablette à la portée des enfants, quelques verres de plastique prêts à être utilisés. Je trouve l'idée très bonne. Les garçons peuvent boire de l'eau tant qu'ils veulent et sans être obligés de le demander. Les parents m'ont affirmé qu'ils ont mis quelques semaines à apprendre aux enfants à ne pas gaspiller l'eau, mais cela a fonctionné. Les garçons ont finalement compris que la petite fontaine est là pour assouvir la soif, et non pour remplir l'aquarium de la tortue ou arroser leur petit frère...

À partir de quatre mois, un enfant peut boire la même eau que les autres membres de sa famille, sans qu'on ait à la faire bouillir. Avant d'utiliser celle du robinet, laissez-la couler et attendez qu'elle soit bien froide.

Un petit bémol, toutefois : avertissez vos enfants de ne pas boire l'eau de la piscine, du lac ou du réservoir à eau chaude, car elle peut contenir des bactéries, certains métaux en particules ou trop de chlore, ce qui pourrait leur donner des crampes ou de la diarrhée. Ma Victoria apprend à nager en ce moment, et elle a la mauvaise habitude d'ouvrir toute grande sa bouche et d'avaler de grandes quantités d'eau... « Ferme ta bouche, ma chérie, ferme ta bouche... et nage, ma belle, on t'regarde ! »

L'eau est un élément vital et doit être accessible en tout temps. N'oubliez jamais d'apporter une bouteille d'eau lors de vos sorties et rappelez à vos jeunes enfants de s'hydrater après une activité ou s'ils ont eu chaud. Un enfant (ou un adulte !) dont l'urine est foncée a besoin de boire de l'eau. Un manque trop prolongé d'hydratation chez un petit enfant peut avoir des conséquences graves.

L'eau procure un réconfort ; on en boit après avoir fait un cauchemar, on en verse sur le genou écorché, on s'en asperge lorsqu'il fait chaud, on en boit en toutes occasions, bref, on se désaltère à tout moment de la journée !

Les sorties

Le restaurant

Aller au restaurant signifie moment de plaisir et de détente. Toutefois, y aller avec des enfants peut aussi signifier période de tensions et course folle, mais rien ne dit qu'il faut qu'il en soit ainsi ! Tous les enfants adorent aller au restaurant. Si ce genre de sortie vous plaît, ne vous privez pas et emmenez-y vos enfants. En effet, le restaurant est un terrain merveilleux pour faire des apprentissages : pratiquer les bonnes manières, essayer de nouvelles choses, lire le menu et faire des choix, discuter calmement à table, respecter les gens autour, être gentil et poli avec le serveur... Il est certain que vous ne devez pas vous attendre à pouvoir partager tranquillement une bouteille de vin avec votre conjoint ou à siroter votre café lentement en vous regardant dans les yeux. Votre attention sera plus portée vers les enfants, et les discussions porteront sur eux également. Mais cela peut être une expérience très agréable si vous vous y préparez tous mentalement, y compris les enfants.

Choisissez de préférence un restaurant familial qui offre un menu pour enfants ou, du moins, où l'on accepte de servir des demi-portions. Si vous avez le choix entre le menu pour enfants et une demi-portion, je vous suggère cette dernière, car elle sera sûrement plus nutritive. En effet, la plupart du temps, les menus pour enfants sont malheureusement composés de hamburgers et de pizzas. Si le restaurant que vous avez choisi n'offre ni l'un ni l'autre, demandez un couvert supplémentaire et partagez votre repas avec votre petit (vous n'aurez qu'à prendre une entrée pour compenser). Insistez pour qu'il reste à la table du début à la fin du repas. Laissez-le choisir ce qu'il désire manger et faites-lui la conversation ou apportez quelques crayons pour qu'il griffonne sur une feuille ou sur son napperon (plusieurs restaurants familiaux offrent des crayons aux tout-petits). De votre côté, prenez un repas plus exotique et différent du sien pour attirer son attention et, du même coup, lui donner l'occasion de goûter quelque chose de nouveau.

Après le repas, si le restaurant n'est pas trop bondé et que les serveurs le permettent, vous pouvez le laisser se promener, après lui avoir précisé de ne pas importuner les autres clients. Dans la vie, tout est une question de respect, et c'est là un moment idéal pour lui inculquer cette valeur.

Lorsque j'étais petite, mes parents nous emmenaient assez souvent au restaurant — surtout les restaurants de fruits de mer, que mon père affectionnait particulièrement. Mon petit frère était très aventurier. Il prenait toujours ce qu'il y avait de plus cher au menu : scampis à l'ail, homard, paella... Sachant pertinemment que mon frère ne finirait pas toute son assiette, mon père, grand amateur de homard sous toutes ses formes, prenait un simple spaghetti ou une soupe. Il savait qu'il finirait inévitablement par manger le plat dispendieux, tout en ayant permis à mon frère de faire ses propres expériences. Aujourd'hui, mon frère est un chef cuisinier extraordinaire spécialisé en cuisine française... et il est aussi un grand amateur de pêche !

Mon conjoint et moi adorons également aller au restaurant avec nos enfants. Nous y allons aussi souvent que le temps et l'argent nous le permettent. Après quelques années de « pratique », je peux dire que j'y ai vécu les plus beaux moments de « fierté de mère » de ma vie. Mes filles ont appris à se montrer respectueuses et polies, à se servir correctement des différents ustensiles, à choisir et à demander ce qu'elles désirent avec clarté et confiance. Peut-être me direz-vous que l'on peut faire cet apprentissage à la maison ? Pas tout à fait. Être en société et avoir sur soi le regard d'autres adultes que ses parents oblige l'enfant à faire preuve de plus de rigueur.

En terminant, n'oubliez jamais de féliciter votre enfant pour son bon comportement lors d'une sortie, que ce soit au resto ou ailleurs.

Nos amis sans enfant...

Ces amis ne pensent pas toujours à préparer un repas plus simple pour les enfants, à les faire manger à une heure raisonnable et à mettre à leur place un napperon qui protégera leur magnifique nappe en dentelle de Bruges ! C'est là une attitude normale et compréhensible. C'est pourquoi, avant d'accepter une invitation avec vos enfants chez vos amis sans enfant, il faut mettre les choses au clair. Demandez à vos amis ce qu'il y aura au menu. Si vous êtes certain que votre Petit Loup ne mangera pas les sushis proposés ou que le souper sera long ou tardif, proposez à vos amis d'apporter un repas pour faire manger votre petit avant tout le monde. Prévoyez aussi une activité pour l'occuper dans ces lieux habituellement exempts de jouets pour enfants. Vous pouvez louer un film vidéo ou encore, si plusieurs enfants sont invités, apporter un jeu de société, des cahiers à colorier ou même un jeu de cartes ! Si vous voulez être réinvité chez vos amis sans enfant avec vos enfants, il faut penser à ce genre de chose.

Pendant que vous prendrez plaisir à déguster votre digestif ou à goûter l'exquis dessert de votre hôte, offrez également aux enfants une gâterie de leur choix que vous aurez apportée de la maison. Après tout, tout le monde a droit à ses petits plaisirs !

Voyager en avion, en autobus, en train...

Dans les transports autres que la voiture, il est bon d'avoir le moins de bagages possible, afin de pouvoir tenir son enfant par la main ou de le prendre dans ses bras. Se munir d'un petit sac à dos est alors tout indiqué. À l'intérieur, vous y déposez des serviettes humides, un sous-vêtement et un pantalon de rechange pour les petits accidents, des couches et des biberons pour les plus petits, un petit sac de plastique pour les déchets et autres souillures, un jeu ou un cahier à colorier pour passer le temps et... un peu de nourriture et des boissons.

Il faut avoir sous la main des aliments faciles à digérer, pas trop juteux ou trop collants, qui n'ont pas besoin d'être réfrigérés, mais qui sont tout de même nourrissants. Les fruits comme la pomme et la banane (pas trop mûre) sont idéaux et se conservent assez bien, même s'ils sont compressés dans un sac. En avion, la banane trop mûre risque d'éclater avec le changement de pression de la cabine. C'est arrivé à mon frère, alors qu'il était en direction du Mexique avec sa conjointe et ses deux enfants. Ils sentaient tous la banane à un kilomètre à la ronde ! Les clémentines sont aussi une bonne idée, car elles sont faciles à peler et ne coulent pas trop. Par contre, il faut savoir que les fruits frais doivent être consommés avant de passer la frontière d'un autre pays ; sinon, ils seront confisqués à la douane. Les fruits séchés, les noix et les amandes enrobées de yogourt ont l'avantage d'être très nourrissants et peuvent remplacer un repas complet. Les barres tendres, les croque-nature et les boîtes de jus jetables satisferont les petites fringales. Et n'oubliez pas d'apporter une bouteille d'eau !

Avant de faire de tels voyages avec mes enfants, je me rends dans les boutiques d'aliments naturels ou devant les étalages de nourriture en vrac de mon épicerie, histoire de m'inspirer. J'y découvre chaque fois de nouvelles idées.

Les voyages en auto

Confinés dans leur siège ou retenus par leur ceinture de sécurité, les enfants qui font de longs voyages en voiture trouvent souvent le temps bien long. Manger, comme écouter de la musique ou lire des histoires, devient alors une activité, un moyen de passer le temps. Mais trop manger en voiture peut donner la nausée et trop boire nous oblige à arrêter souvent...

Lorsqu'on voyage en voiture, il est préférable de s'arrêter pour manger. Que ce soit à une halte routière, sur un terrain de pique-nique ou au restaurant, cet arrêt est aussi l'occasion de se dégourdir les jambes et de dépenser le trop-plein d'énergie que les enfants accumulent lorsqu'ils sont trop longtemps inactifs.

Saisir l'occasion

Finalement, vous ne devriez jamais vous priver de faire des sorties ou des voyages avec vos enfants, même si cela paraît parfois compliqué. Ces petites excursions ou grands périples sont l'occasion de faire des apprentissages qu'il est difficile de faire à la maison. Le fait d'être confrontés à des difficultés apprend à vos enfants à se débrouiller et leur ouvre l'esprit sur le monde extérieur. Cela est particulièrement vrai lors de longs voyages dans des pays étrangers, lointains et exotiques. De tels voyages avec les enfants sont des expériences familiales inoubliables !

Lorsqu'ils sont ailleurs, en voyage ou en visite, les enfants sont souvent plus enclins à faire de nouvelles expériences et à goûter à de nouveaux aliments. Si votre ami Paul adore les huîtres et que votre enfant en voit pour la première fois, il sera peut-être tenté d'y goûter... avec Paul ! Arrivez avec une caisse d'huîtres à la maison, et vous aurez peut-être moins de succès.

Les enfants veulent souvent se dépasser et montrer aux autres qu'ils sont « grands »... surtout lorsque ces « autres » personnes ne font pas partie de leur propre famille !

Nous avons séjourné pendant cinq semaines au Népal, lorsque Rosemarie avait trois ans. Pendant ce voyage, elle a fait des expériences culinaires assez particulières. La nourriture était parfois très épicée, mais elle a très rarement levé le nez sur son repas, parce qu'elle voyait les petits Népalais de son âge en manger. Même si elle était très jeune, elle comprenait qu'elle ne pouvait pas se nourrir comme à la maison et elle s'était mise, je crois, en mode de survie. Ce voyage l'a poussée à se dépasser et à se montrer courageuse. Lorsque nous sommes allés en Birmanie, deux ans plus tard, elle était beaucoup plus curieuse et goûtait à tout. Après avoir pris une première bouchée, elle avait le droit de dire qu'elle n'aimait pas l'aliment en question. Elle a fait aussi de belles découvertes, et elle était très fière d'elle-même.

Le bon fonctionnement du système digestif

Crottes de lapin !

Petit Loup ne va à la selle qu'une fois par jour ou pas du tout ? Son petit ventre est plus ballonné qu'à l'habitude ? Ses selles ont la forme de petites boules sèches ? Il souffre probablement de constipation. Un enfant qui pousse très fort et devient tout rouge n'est pas nécessairement constipé : c'est la consistance de ses selles qui est l'indice le plus révélateur.

Afin de remédier au problème de la constipation, il faut d'abord s'assurer que l'enfant est bien hydraté. À partir de 18 mois, il devrait boire, en plus du lait, huit onces de liquide par jour. Invitez-le à prendre quelques gorgées de jus (sans sucre, pur à 100 %) ou d'eau à chaque heure. Pour l'aider à y penser, laissez parmi ses jouets, toujours à sa portée, des verres à bec ou de petits biberons bien remplis.

Dans son alimentation, favorisez les aliments riches en fibres. Augmentez les portions de fruits et de légumes lors des repas ou dans les collations. Les fraises, les pêches, les poires, les cerises, les melons, les pommes et les prunes sont plutôt laxatifs. Tous les légumes verts sont également riches en fibres. L'asperge favorise particulièrement l'élimination, le concombre aussi. À l'heure de la collation, offrez-lui-en quelques tranches : les enfants adorent ça. En cas de réelle constipation, c'est le jus de pruneau qui est le meilleur choix. Il est habituellement très apprécié des tout-petits. Si votre enfant trouve qu'il goûte « trop fort », vous pouvez le diluer avec de l'eau.

Les céréales constituent également un excellent apport en fibres, à condition qu'elles soient absorbées avec du liquide. Sinon, l'effet contraire se produira : trop de céréales et trop peu de liquide formera des bouchons dans l'intestin.

Un autre petit truc ? Ajoutez une cuiller à thé de graines de lin moulues dans ses céréales du matin. Cela favorisera l'élimination. Ce produit se trouve dans tous les magasins d'aliments naturels et au comptoir de produits en vrac de la plupart des épiceries. Soit dit en passant, ces trucs sont aussi valables pour les grands !

Si, malgré tous vos bons soins, votre petit constipé n'est pas allé à la selle depuis plus de six jours, donnez-lui un lavement Fleet^MD pour enfants (65 ml), disponible en pharmacie.

Voici la façon de vous y prendre :

- Couchez votre enfant sur le côté gauche, sur une serviette épaisse.
- La canule de la bouteille à lavement est déjà lubrifiée, mais vous pouvez augmenter la lubrification avec une huile de première pression ou du lubrifiant *K-Y*MD (n'utilisez pas de vaseline : c'est du pétrole !).
- Insérez doucement la canule dans le rectum, pressez sur la poire et retirez-la. (Ne relâchez pas la poire avant de la retirer, sinon vous ferez ressortir le liquide.)
- Votre enfant devrait évacuer le contenu de son intestin dans les minutes qui suivent. Donc, remettez-lui sa couche ou faites-le asseoir sur la toilette ou sur le pot, selon le cas.

*Dans le cas d'une occlusion intestinale, il n'est pas recommandé de faire un lavement à un enfant. Avant de procéder à cette intervention, il est donc préférable de vérifier auprès de son médecin. Vous pouvez suspecter une occlusion intestinale si votre enfant ne veut ni boire ni manger, qu'il a des vomissements et qu'il se plaint d'un mal au ventre. Le lavement Fleet*MD *est réservé aux enfants de deux ans et plus.*

Après l'âge d'un an, un enfant qui boit trop de lait (plus d'un litre par jour), qui ne boit pas d'eau et qui ne fait pas beaucoup d'activités physiques peut être plus sujet à la constipation.

Les causes de la constipation

La constipation est assez fréquente chez les petits de deux à cinq ans. Le plus souvent, elle est causée par un manque de fibres dans son alimentation. Vous rétablirez rapidement la situation en augmentant les fruits dans ses collations et les légumes dans chacun de ses repas, comme je l'ai mentionné précédemment.

La constipation peut aussi être provoquée par une émotion que l'enfant a de la difficulté à gérer ou par le manque d'écoute de son corps. Évidemment, à cet âge, l'écoute du corps devient un apprentissage comme manger avec une fourchette, boire dans un verre ou faire pipi dans le petit pot. Lorsque l'enfant se retient d'aller à la selle, les déchets alimentaires restent en attente dans le gros intestin. Ce mode de fonctionnement est très pratique, mais si nous abusons de ce service que nous rend l'intestin, il cessera, après un moment, de nous envoyer des signaux. Après un certain temps, les selles se déshydratent, durcissent et deviennent beaucoup plus difficiles à évacuer.

Apprenez à votre enfant à aller à la selle dès qu'il sent de la pression dans son rectum. Rappelez-lui souvent dans la journée d'aller aux toilettes ou sur le pot. Ne le mettez jamais dans une situation où il doit se retenir. Invitez-le à faire ses « petits besoins » avant de partir de la maison. Un enfant qui joue ou regarde la télé avec intérêt oublie d'écouter les signaux que lui envoie son corps. Par ailleurs, s'il se trouve dans un endroit qui lui est étranger, il peut être gêné de demander où sont les toilettes.

Un bambin en apprentissage de la propreté qui ne porte pas de couche et qui ne veut pas encore aller sur le pot peut se retenir pendant plusieurs jours et devenir constipé. Dans ce cas, il faut absolument lui donner une chance et lui remettre sa couche pour qu'il puisse aller à la selle. Vous reprendrez l'apprentissage de la propreté un autre jour, lorsque la constipation sera passée.

Ne donnez jamais de laxatif à un enfant de moins de 10 ans sans l'approbation de son médecin.

S'il porte encore des couches, assurez-vous qu'elles ne sont pas trop serrées à la taille. Laissez votre enfant sans couche pendant quelques heures, faites-le bouger et danser ou, s'il ne marche pas encore, placez-le sur le dos et faites-le pédaler doucement.

La diarrhée

Un jeune enfant qui a une alimentation riche en fruits et en légumes aura naturellement des selles molles et les évacuera une ou plusieurs fois par jour. Dans ce cas, on ne peut pas parler de diarrhée. Mais si les selles de votre enfant sont plus liquides que d'habitude et qu'il n'a pas d'autres symptômes inquiétants, il en souffre sûrement.

Pour aider votre enfant à se débarrasser de sa diarrhée, augmentez légèrement le gras dans son alimentation. Offrez-lui du lait entier au lieu du lait partiellement écrémé et ajoutez un peu de beurre ou de margarine dans ses légumes. Favorisez le yogourt, le fromage cheddar, les bananes mûres, les pommes de terre, les carottes, le riz et l'eau de riz, les œufs et le beurre d'arachide (s'il n'y a pas d'intolérance aux noix et si l'enfant a plus de trois ans). Servez-lui toutes ses boissons à la température de la pièce.

L'eau de riz

1/4 de tasse (50 ml) de riz brun (de préférence) ou blanc
4 tasses (1 litre) d'eau
1/2 c. à thé (2,5 ml) de sel de mer (de préférence) ou de sel de table

Faites bouillir le riz avec le sel pendant environ 30 minutes.

Filtrez au tamis et servez l'eau lorsqu'elle sera refroidie ou tiède.

Si votre enfant ne veut pas en boire, ajoutez-y un peu de jus non sucré.

Les causes de la diarrhée

La diarrhée est plus fréquente chez les bébés entre six mois et trois ans. L'absorption exagérée d'aliments ou de jus sucrés, une alimentation déséquilibrée maintenue trop longtemps, les infections virales, la prise d'antibiotiques, le stress, une émotion forte et l'intolérance au lait figurent parmi les causes les plus fréquentes de la diarrhée, qu'elle soit aiguë ou chronique.

La diarrhée aiguë survient subitement et dure rarement plus d'une semaine. Avec une alimentation appropriée, tout revient dans l'ordre assez rapidement.

Dans le cas d'une diarrhée chronique (ou à répétition), il est préférable de consulter une diététiste ou votre médecin de famille pour déterminer la source exacte du problème. Une intolérance alimentaire pourrait en être la cause.

Si l'inconfort de votre bambin est dû à un microbe, il ne faut pas tenter d'arrêter la diarrhée, bien au contraire. Dans un tel cas, offrez-lui beaucoup de liquide pour maintenir sa réhydratation et augmentez progressivement les fruits et les légumes fibreux, selon sa tolérance, pour évacuer l'agent pathogène le plus vite possible.

Certaines bactéries contenues dans l'eau peuvent également causer de la diarrhée. L'eau du robinet, dans les villes dotées d'un bon système d'épuration, ne cause généralement pas de problème. Si l'eau que vous buvez provient d'une source différente de celle que vous avez l'habitude de boire (l'eau du chalet, d'un puits artésien, d'une bouteille d'eau), cela pourrait bien être une cause possible. Dans certaines municipalités, l'eau du robinet n'est pas chlorée. Renseignez-vous.

Il faut toujours vérifier la date de péremption inscrite sur l'étiquette des bouteilles d'eau achetées dans le commerce, quelque soit la marque. À cause de la transparence du plastique de la bouteille et de la lumière qui y pénètre facilement, il se forme, avec le temps, des algues microscopiques qui peuvent provoquer des crampes abdominales et de la diarrhée. Les enfants y sont plus sensibles que les adultes. De plus, ne remplissez jamais une bouteille d'eau sans qu'elle ne soit complètement sèche à l'intérieur. Les quelques gouttes qui restent au fond sont remplies de bactéries.

Le yogourt et les capsules de yogourt favorisent la guérison de la diarrhée lorsque celle-ci est causée par la prise d'antibiotiques.

Le vomissement

Il ne faut pas confondre régurgitation et vomissement. La régurgitation est un petit renvoi de lait chez le bébé ou le jeune enfant qui boit trop vite ou qui a bu une trop grande quantité de liquide. C'est un réflexe normal de l'estomac, qui rend un petit surplus non désiré.

Le vomissement est un rejet d'une quantité plus importante. Si Petit Loup vomit son dernier repas et qu'il se sent mieux après, il n'y a pas lieu de s'inquiéter. Il a tout simplement mal digéré. Mais si les vomissements surviennent brusquement, qu'ils lui occasionnent faiblesse et étourdissements et que votre enfant ne fait pas de fièvre, il faut suspecter une intoxication. Vous devez alors rapidement chercher ce que votre enfant aurait pu avaler et téléphoner au Centre antipoison du Québec (voir la section *Les intoxications et le charbon végétal activé*, page 136). Par contre, un enfant dont l'état de conscience est altéré doit être amené à l'hôpital immédiatement.

Si les vomissements s'accompagnent de maux de ventre importants accompagnés de fièvre, consultez un médecin pour vous assurer qu'il ne fait pas une crise d'appendicite. Les douleurs provoquées par une crise d'appendicite sont très intenses et se situent du côté droit de l'abdomen, sous le nombril. Si les douleurs sont localisées autour du nombril, elles sont probablement dues à une gastroentérite ou à une gastrite. Dans ce cas, gardez votre enfant à la maison et assurez-vous qu'il ne se déshydrate pas.

Il faut savoir que chez les jeunes enfants, toute maladie infectieuse avec fièvre peut s'accompagner de vomissements. Consultez un médecin sans tarder si les vomissements sont accompagnés de fièvre, de raideurs de la nuque, de douleurs abdominales intenses, de maux de tête ou de tout autre symptôme inhabituel.

La gastroentérite

La gastroentérite est une inflammation simultanée des muqueuses de l'estomac et de l'intestin. Trois causes sont possibles : un virus, des bactéries dans l'intestin ou une intoxication alimentaire. Si la gastroentérite a été provoquée par un virus ou par des bactéries, elle devient très contagieuse pour les personnes qui seront en contact avec les vomissures ou les excréments du malade.

Un enfant atteint de gastroentérite aura des inconforts qui dureront entre cinq et 48 heures. Dans la moitié des cas, il sera fiévreux.

Comme la gastroentérite est, la plupart du temps, très contagieuse, isolez votre enfant dans une pièce de la maison. Aménagez-lui un petit nid douillet, pour éviter qu'il ne se balade partout : divan confortable recouvert d'un drap, coussins lavables, petite bassine (les jeunes enfants vomissent souvent sans prévenir ; mieux vaut alors avoir une bassine à portée de la main), vidéos, livres d'histoires, musique et quelques jouets lavables. Demandez aux autres membres de la famille de ne pas toucher au petit malade ou aux jouets avec lesquels il a joué. La gastroentérite se transmet par les mains, qui sont souvent portées à la bouche ensuite, comme bien d'autres virus. Lavez-vous les mains après chaque contact que vous aurez avec lui. Sans ces précautions, toute la famille attrapera le virus. Lorsque celui-ci sera rétabli, vous devrez vous assurer de bien nettoyer les objets que votre enfant aura touchés pendant sa maladie.

N'offrez surtout pas de boissons sucrées, de jus de fruits, de boissons gazeuses dégazées ou de bouillon. Ils risquent d'aggraver la diarrhée.

La déshydratation

La complication la plus fréquente de la gastroentérite ou des vomissements à répétition est la déshydratation. Pour l'éviter, encouragez votre petit malade à boire une gorgée d'eau bouillie (que vous aurez laissée tiédir à la température de la pièce) à toutes les 5 ou 10 minutes ou, mieux, servez-lui la recette suivante :

Recette maison de solution hydratante

20 onces (600 ml) d'eau bouillie
12 onces (360 ml) de jus d'orange non sucré
1/2 c. à thé (2,5 ml) de sel

Après avoir fait bouillir l'eau environ 7 à 10 minutes, laissez refroidir à la température de la pièce. Ensuite, ajoutez le sel et le jus d'orange. Bien brasser pour dissoudre le sel.

Si votre enfant vomit beaucoup, donnez-lui une cuiller à soupe de cette solution toutes les 10 minutes, jour et nuit.

La composition de cette solution ressemble beaucoup à celle des liquides vitaux que nous avons dans notre organisme, par son équilibre sucre-sel. N'y ajoutez pas de jus d'orange si votre enfant n'apprécie pas le goût, car cela perturberait cet équilibre qui est essentiel à la réussite du traitement.

Vous pouvez aussi trouver en pharmacie le Gastrolyte[MD] ou le Pédialyte[MD] sous forme liquide, en poudre ou en sucettes glacées. Ces formules sont également excellentes pour prévenir la déshydratation, si jamais votre enfant n'aimait pas le goût de la recette maison.

Si, après tout cela, votre enfant n'arrive pas à se réhydrater et présente des symptômes de déshydratation tels que peau très sèche, yeux cernés, absence de larmes, besoin d'uriner moins fréquent et urine plus foncée ou encore s'il vous semble somnolent, vous devez l'amener à l'hôpital sans tarder. Pour le réhydrater, on lui fera une perfusion qui prendra entre quatre et 12 heures, selon la gravité du cas. Apportez-vous un bon livre, et restez près de lui.

Aux enfants qui vomissent beaucoup et ne gardent rien dans leur estomac, donnez du Gravol[MD] en suppositoire (pour enfants de plus de deux ans seulement). Son action dure environ huit heures et provoque de la somnolence. Ne répétez la dose qu'une seule fois.

On recommence à manger !

Si votre enfant réussit à garder les liquides (eau, jus sans sucre), qu'il ne vomit plus depuis trois ou quatre heures et qu'il a faim, vous pouvez commencer à incorporer très graduellement des aliments solides, sans jamais le laisser en manger une trop grande quantité. Le but de l'opération est de garder ce peu de nourriture dans son estomac et d'en favoriser la digestion. Commencez avec du melon d'eau et, si tout va bien, offrez-lui ensuite du pain grillé tartiné d'un peu de compote de pomme non sucrée, des craquelins —avec ou sans sel —, une purée de carottes ou de pommes de terre, un petit bol de riz ou de petits morceaux de poulet sans peau ni bouillon. Si votre enfant aime les aliments salés, ajoutez un peu de sel. Le sel l'aidera à garder son hydratation et à remplacer les sels minéraux qu'il a perdus. Suivez ses goûts. S'il n'aime pas l'aliment que vous lui offrez ou s'il n'en prend que deux bouchées, ne le forcez surtout pas.

Si Petit Loup n'a pas vomi dans l'heure qui suit, il est sur la voie de la guérison, et vous pouvez augmenter ses portions graduellement s'il a faim. Même s'il a recommencé à manger, continuez à lui faire boire de l'eau et des jus non sucrés. Attendez entre 18 et 24 heures pour remettre à son menu les produits laitiers ou tout autre aliment gras ou sucré. Même si ses selles sont encore molles pour quelques jours, votre petit malade peut reprendre ses activités normales.

L'anémie ou la carence en fer

Les bébés de plus de quatre mois qui ne sont pas allaités ou qui le sont partiellement doivent être initiés à une alimentation solide pour s'assurer qu'ils ont assez de fer dans leur sang. Le fer est très important pour l'organisme. Sa présence dans l'hémoglobine du sang assure le transport du précieux oxygène dans toutes les cellules du corps.

Pour être en santé, les jeunes enfants de six mois à cinq ans ont besoin de six milligrammes de fer par jour. Avant cinq ans, ils n'ont pas toujours une alimentation très variée, ce qui les rend plus fragiles et plus vulnérables aux carences en fer. Au Canada, près d'un enfant de moins de cinq ans sur deux présente des carences en fer. Soyez vigilant.

Si votre trésor présente des symptômes comme la fatigue, un manque d'énergie pour jouer avec les enfants de son âge, un faible poids, de l'irritabilité, une diminution de sa capacité d'apprentissage ou de sa concentration en général, ou s'il est pâle et renfermé, vous devriez consulter votre médecin de famille pour un bilan de santé. Une prise de sang sera peut-être nécessaire pour vérifier le taux de fer dans son hémoglobine.

Dans les cas les plus graves, le médecin prescrira un supplément de fer. À la maison, vous pouvez aussi accroître le taux de fer de votre enfant grâce à une bonne alimentation. S'il aime la viande, profitez-en ! Sinon, il existe beaucoup d'aliments qui peuvent compenser.

Voici quelques suggestions et conseils pour les enfants souffrant d'une carence en fer :

- Proposez-lui tous les jours de la viande, rouge de préférence, sans oublier le foie et les rognons.
- Rappelez-vous que la viande de cheval est plus riche en fer que le bœuf ou l'agneau.
- Offrez à votre enfant un jaune d'œuf cuit dur, trois à quatre fois par semaine, ou ajoutez des jaunes d'œufs crus dans vos bouillons, vos sauces ou vos vinaigrettes.
- Même si votre enfant a plus de deux ans, offrez-lui encore des céréales pour bébé, car elles sont riches en fer.
- Servez des légumineuses sous toutes les formes. Essayez la purée de pois chiches (hoummos) avec des craquelins de blé. Mes filles adorent ça !
- Les petits pois et tous les légumes de cette famille sont riches en fer.
- Offrez, en collation, de la mélasse noire dans laquelle vous tremperez des morceaux de pain de blé !
- Ne négligez pas l'importance des fruits secs, en particulier les raisins, les pruneaux et les dattes séchées.
- Hachez des épinards frais dans toutes vos recettes ou faites-en une salade, avec des clémentines.
- Vous êtes déshydraté ? Prenez un bon verre de jus de pruneaux avec des glaçons. Un seul verre (130 ml) de jus de pruneaux contient les six milligrammes de fer recommandés quotidiennement pour un jeune enfant.

- Les fruits et les légumes riches en vitamine C favorisent l'absorption du fer contenu dans les autres aliments. Offrez-en souvent.
- Servez du riz brun, du brocoli ou une salade de chou en accompagnement.
- Les produits laitiers nuisent à l'absorption du fer. Si votre enfant en prend en trop grande quantité, diminuez sa consommation.

Foie de veau aux pommes

La recette « anti-anémie » parfaite !

(Pour un adulte et un enfant)

2 tranches de foie de veau
2 pommes épluchées et épépinées
2 c. à soupe (30 ml) d'huile
2 c. à soupe (30 ml) de sirop d'érable
2 c. à soupe (30 ml) de jus d'orange

Dans un bol, mélangez l'huile, le sirop d'érable et le jus d'orange. Laissez mariner les tranches de foie dans ce mélange pendant environ une demi-heure. Pendant ce temps, coupez les pommes en gros morceaux. Ensuite, faites saisir le foie à feu vif pendant trois à quatre minutes. Ajoutez le reste du mélange (huile, sirop et jus) et les pommes, puis faites réduire à feu doux. Salez et poivrez au goût. Laissez mijoter pendant 7 à 10 minutes ou jusqu'à ce que le foie soit bien cuit.

Servez le foie et ses pommes avec un légume riche en vitamine C comme du brocoli, du chou-fleur ou une salade de chou.

Un bébé nourri exclusivement au lait maternel gardera ses réserves de fer jusqu'à l'âge de six mois environ.

Même si votre enfant en mange beaucoup, le fer contenu dans les épinards ou les autres légumes verts ne suffit pas pour le garder en bonne santé.

L'étouffement

Chaque année, plusieurs jeunes enfants s'étouffent avec des aliments qui leur restent coincés dans l'œsophage. Un raisin frais, par exemple, a exactement la même grosseur que ce petit « tuyau » qui relie la bouche à l'estomac. Soyez prudent également avec les noix, les saucisses, les bonbons durs et les croustilles. Un jeune enfant peut se remplir la bouche de *chips* et prendre à peine le temps de mastiquer avant d'avaler cette boule sèche.

Pour les mêmes raisons que les *chips*, le maïs soufflé peut lui aussi représenter un danger, d'autant plus que les grains de maïs qui n'ont pas éclaté peuvent rester coincés dans l'œsophage. Lorsque cela arrive, les grains gonflent en quelques heures et finissent par bloquer la respiration ; il est alors pratiquement impossible de le retirer sans aide médicale. Le temps de vous rendre à la clinique, votre enfant aura cessé de respirer depuis longtemps…

Si votre enfant s'étouffe, que ce soit avec un objet ou avec un aliment dur, n'intervenez pas tant qu'il peut tousser avec force ou parler. Votre intervention pourrait aggraver la situation. Encouragez-le à se pencher vers l'avant et à expulser le corps étranger en toussant. Ne lui donnez pas de tapes dans le dos. Restez avec lui et surveillez-le étroitement. Toutefois, s'il ne peut ni tousser ni parler et qu'il a de la difficulté à respirer, il faut l'aider.

Manœuvre d'urgence de la Croix-Rouge dans les cas d'étouffement chez l'enfant conscient de plus d'un an

1. Placez-vous derrière l'enfant et passez vos bras autour de sa taille.
2. Fermez une de vos mains en un poing serré. Mettez-le juste au-dessus du nombril et bien au-dessous de la cage thoracique, en plaçant le pouce contre l'abdomen. Recouvrez ce poing avec votre autre main. Enfoncez brusquement le poing dans l'abdomen en exerçant une pression vers le haut.
3. Continuez ces pressions jusqu'à ce que l'objet ait été expulsé.
4. Réconfortez l'enfant, calmez-le et gardez-le au chaud. Consultez un médecin.

Pour éviter les étouffements, quelques règles de base doivent être respectées. Évidemment, on doit éviter les bonbons durs. Dans le cas des croustilles et du maïs soufflé, attendez que l'enfant ait trois ans avant de le laisser en manger. À cet âge, montrez-lui à manger une croustille ou un grain de maïs soufflé à la fois, incitez-le également à bien mastiquer et à ne jamais manger les grains de maïs qui n'ont pas éclaté. Dans le cas des raisins et des saucisses, coupez-les en quatre dans le sens de la longueur. Ne laissez pas votre chéri manger des noix entières. Par contre, si elles sont broyées et incorporées dans une recette de muffins, il n'y a aucun danger. De toute façon, les noix ne devraient pas être consommées avant l'âge de trois ans, à cause des risques d'allergie.

Les intoxications et le charbon végétal activé

Après les accidents dus aux chutes, l'intoxication est la principale cause d'hospitalisation chez les petits de zéro à quatre ans. Elles peuvent être d'origine alimentaire ou causées par des produits toxiques. Dans tous les cas, il faudra en chercher la cause et téléphoner sans tarder au Centre antipoison du Québec, qui est ouvert vingt-quatre heures sur vingt-quatre.

Les symptômes d'une intoxication sont la nausée, le vomissement, les douleurs abdominales, la fièvre et la diarrhée ; ils peuvent apparaître entre cinq minutes et 24 heures après l'absorption de l'élément contaminant.

Il ne faut pas faire vomir un enfant intoxiqué avec un vomitif (comme le sirop d'ipéca) sans la recommandation d'un médecin. D'ailleurs, ce genre de médicament est de moins en moins utilisé.

Le numéro de téléphone du Centre antipoison du Québec est le : ***1 800 463-5060***.

Pour réagir rapidement contre les intoxications, je vous recommande d'avoir à la maison du charbon végétal activé en capsule, vendu en pharmacie dans la section des produits naturels. C'est probablement ce que l'on donnera à votre enfant si vous l'emmenez à l'hôpital, mais plus ce produit est administré rapidement, plus il est efficace.

Le charbon végétal activé est un produit naturel qui a la propriété d'absorber, au niveau de l'estomac, les médicaments, les additifs alimentaires, les gaz, les détergents et les solvants organiques, qui sont ensuite évacués par l'intestin. Il est aussi très efficace contre les empoisonnements alimentaires de tous genres et soulage les personnes atteintes de gastroentérite ou de gastrite. Le charbon végétal activé va jusqu'à contrecarrer les effets des piqûres d'abeilles, d'araignées et d'anémones de mer. Mon conjoint et moi ne partons jamais en voyage sans quelques capsules de charbon végétal activé, surtout si les enfants nous accompagnent.

En cas d'intoxication, je vous suggère de donner une capsule de 170 à 200 milligrammes aux enfants de un à sept ans ; pour les personnes plus âgées, on peut aller jusqu'à 400 milligrammes. Répétez la dose au besoin. Ce produit est contre-indiqué si la personne est sous médication (y compris les contraceptifs oraux). Il provoque de la constipation et des vomissements dans 15 % des cas.

Le charbon végétal activé peut aussi être administré par mesure de prévention si vous doutez de la qualité de la nourriture, pour annihiler les effets de l'alcool ou pour régulariser les fonctions intestinales.

Attention ! Il est très dangereux d'inhaler du charbon végétal activé en poudre par les voies nasales ou par la bouche. En effet, ce produit est très nocif s'il se retrouve dans les poumons. C'est pourquoi je vous recommande de l'acheter en capsules et de ne pas les ouvrir.

Si votre enfant n'est pas capable d'avaler une capsule, ouvrez-la avec beaucoup de précaution et versez-en le contenu dans un verre d'eau qu'il pourra boire.

« Le charbon activé est l'un des absorbants les plus efficaces disponibles sur le marché et qui, lorsqu'il est administré moins d'une heure après l'ingestion d'une substance toxique, peut réduire l'absorption de celle-ci dans une proportion de 75 %. »
— Institut national de santé publique du Québec

Le lait n'aide en rien au rétablissement après une intoxication. Il est préférable de donner de l'eau pour diluer le produit.

La conservation des aliments

Saviez-vous que toutes les boîtes de conserve et le sirop d'érable ont une durée de vie d'un an ? Que vous devriez jeter le beurre d'arachide qui se trouve dans l'armoire après deux mois ? Et que le riz brun ne se conserve que neuf mois ?

Plusieurs intoxications alimentaires, maux de ventre et diarrhées sont dus à l'ingestion d'aliments périmés que vous gardez dans l'armoire de votre cuisine sans le savoir. Pour avoir une liste complète des aliments et de leur durée d'entreposage, consultez le *Thermoguide*, dans la section « Publications » du site Internet du ministère de l'Agriculture, des Pêcheries et de l'Alimentation du Québec (MAPAQ), au www.agr.gouv.qc.ca.

Les enfants sont au moins dix fois plus sensibles aux intoxications provenant d'aliments contaminés que les adultes.

Les nouvelles dents et la carie

Vers deux ans et demi, l'enfant aura percé ses vingt dents de lait. Même s'il ne les conserve que pour quelques années, il faut tout de même bien les entretenir. Elles ne sont pas à l'abri des caries et si elles sont cariées, il faudra les faire réparer.

Le sucre blanc est sans contredit le pire ennemi des dents. Brossez vous-même les dents de votre enfant matin et soir, et plus souvent s'il a mangé du sucre. Choisissez une brosse à dents adaptée à son âge. Jusqu'à l'âge de six ans au moins, ne le laissez pas se brosser les dents tout seul. Le brossage des dents est trop important pour prendre le risque qu'il soit mal fait. Votre enfant aura bien le temps d'apprendre à se brosser les dents correctement.

On commence à utiliser la soie dentaire vers l'âge de quatre ou cinq ans. Partout où la brosse à dents ne peut aller, c'est-à-dire entre les dents qui se touchent, la soie dentaire est de mise. Il existe, à la pharmacie, un petit appareil qui facilite l'utilisation de la soie dentaire lorsque l'on doit la passer à quelqu'un d'autre. Votre hygiéniste dentaire pourra vous renseigner à ce sujet.

Dès l'âge de trois ans et pour le reste de sa vie, il est indiqué de rendre visite au dentiste tous les six mois.

En terminant

J'ai écrit **Maman, je mange!** ***Tome I*** *pour mon frère. Nouveau papa en ce temps-là, je voulais lui transmettre tous mes trucs. Le deuxième tome de* **Maman, je mange!** *est destiné à beaucoup plus de monde. À tous ces gens que je croise chaque semaine dans les endroits publics et qui me parlent de leurs petits chéris, de leurs inquiétudes, de leurs joies, aussi. À toutes les jeunes mamans qui ont assisté à mes différentes conférences et à tous les nouveaux parents qui, depuis la sortie de mon premier livre, en 1999, viennent chaque année me rencontrer au Salon Maternité Paternité Enfants, à la Place-Bonaventure à Montréal.*

Ce livre, je l'ai écrit en m'inspirant de mes quatre neveux — Mathieu, Louis, Dany et Adrien — et de mes neuf nièces — Frédérike, Sofie, Justine, Mathilde, Mireille, Shanie, Anne-Marie, Lorraine et Rachel. Je l'ai fait en pensant aussi à Marie-Sophie, Véronique, Lili, Maxime, William, Jessica, Kevin, Marie, Julien, Charlotte, Antoine, Luca, Kiara, Gabriel, Catherine et Lili-Mei, les enfants de mes amis les plus chers ; sans oublier évidemment mes deux trésors, Rosemarie et Victoria.

Je vous souhaite beaucoup de bonheur durant ces précieux moments de la petite enfance de votre Petit Loup. Vous vivrez avec lui une période unique et pas banale du tout. Profitez-en à plein : elle passe très vite. Dès que votre trésor franchira les portes de l'école, une étape riche et exaltante prendra fin, tant pour lui que pour vous. Il entrera dans la vie fort de toutes ces choses dont vos intuitions, vos choix et vos expériences l'auront muni.

Table des matières

Les petits appétits

Les nouveaux aliments

Méthodes de cuisson

Les collations

Les sorties

Le bon fonctionnement du système digestif

 : Truc

 : Mise en garde

 : À noter

Index des recettes et des tableaux

Recettes :

Tableaux :

Remerciements

Par leurs commentaires ou leur talent de correcteurs, certaines personnes ont participé à la rédaction de cet ouvrage.
Elles ont bien voulu consacrer une partie de leur précieux temps pour me lire, me relire, et me communiquer leurs impressions.

Mille mercis à :

Marie Arsenault, Dre Dominique Careau,
Bruno Defontaine, Manon Drapeau, Lise-Marie Gravel,
Michel Gunn, Julie Houde, Michel Houde, Pierre Houde,
Lorraine Labelle, Michel Labelle,
Nathalie Labelle,
Serge Labelle,
Dr Gilles Martel

Bibliographie et références

ARSENAULT, Céline. *Soins à l'enfant : Comment assister naturellement nos enfants dans leurs maladies,* Éditions Le Dauphin Blanc, Montréal, 1997.

BALLIÈRE, Dre Anne-Marie. *L'alimentation des enfants en 200 questions,* Éditions de Vecchi, Paris, 2003.

BONDIL, Alain, et Marion KAPLAN. *L'alimentation de la femme enceinte et de l'enfant selon l'enseignement du docteur Kousmine,* Éditions Robert Laffont, Paris, 1991.

BRUNET, Christine, et Anne-Céline SARFATI. *Petits tracas et gros soucis de 1 à 7 ans*, Éditions Albin Michel, Paris, 1999.

DORÉ, Nicole, et Danielle Le HÉNAFF. *Mieux vivre avec son enfant,* ministère de la Santé et des Services sociaux, Gouvernement du Québec, 1995.

JACOBSON, Michael F., et Daryth D. STALLONE. *Cheating Babies : Nutritional Quality and Cost of Commercial Baby Food*, Center for Science in the Public Interest, Washington D.C., 1995.

KARMEL, Annabel. *First Meals*, Éditions Macmillan Canada, Toronto, 1999.

LABELLE, Marie-Chantal. *Maman, je mange !* Tome 1, Éditions Stanké, Montréal, 2004 (troisième édition).

LAMARRE, Johanne. *Bébé, mode d'emploi*, Éditions Stanké, Montréal, 1993.

LAMBERT-LAGACÉ, Louise. *La sage bouffe de 2 à 6 ans*, Éditions de l'Homme, Montréal, 1984.

LAMBERT-LAGACÉ, Louise. *Comment nourrir son enfant*, Éditions de l'Homme, Montréal, 1996.

PUBLICATIONS DU QUÉBEC (Institut national de santé du Québec). *Mieux vivre avec notre enfant de la naissance à 2 ans*, Québec, 2003.

PURVES, Libby. *Comment ne pas être une mère parfaite*, Éditions Harper Collins, Londres, 1992.

PURVES, Libby. *Comment ne pas être une famille parfaite*, Éditions Harper Collins, Londres, 1994.

SOCIÉTÉ CANADIENNE DE LA CROIX-ROUGE. *La sécurité : un jeu d'enfant*, La société canadienne de la Croix-Rouge, édition revue, Ottawa, 1994.

VALLI, Fabien. *L'alimentation naturelle de l'enfant de la naissance à 12 ans*, Éditions de Vecchi, Paris, 1997.

VAN DEN BROOCK, Jeanne. *Manuel à l'usage des enfants qui ont des parents difficiles*, Éditions du Seuil, Paris, 1982.

VONK, Rietje. *L'appétit des bébés*, Éditions Milan, Toulouse, 1999.

Sites Internet utiles

www.famillesdaujourdhui.com
www.doctissimo.fr
www.inspq.qc.ca
www.naturosante.com
www.petitmonde.com
www.santecanada.com
www.soinsdenosenfants.cps.ca
www.dietitians.ca/french
www.marmiton.org
www.juniorweb.com
www.enfantsquebec.com
www.agr.gouv.qc.ca

Achevé d'imprimer au Canada en août 2004.